essentials

essentials liefern aktuelles Wissen in konzentrierter Form. Die Essenz dessen, worauf es als „State-of-the-Art" in der gegenwärtigen Fachdiskussion oder in der Praxis ankommt. *essentials* informieren schnell, unkompliziert und verständlich

- als Einführung in ein aktuelles Thema aus Ihrem Fachgebiet
- als Einstieg in ein für Sie noch unbekanntes Themenfeld
- als Einblick, um zum Thema mitreden zu können

Die Bücher in elektronischer und gedruckter Form bringen das Expertenwissen von Springer-Fachautoren kompakt zur Darstellung. Sie sind besonders für die Nutzung als eBook auf Tablet-PCs, eBook-Readern und Smartphones geeignet. *essentials:* Wissensbausteine aus den Wirtschafts-, Sozial- und Geisteswissenschaften, aus Technik und Naturwissenschaften sowie aus Medizin, Psychologie und Gesundheitsberufen. Von renommierten Autoren aller Springer-Verlagsmarken.

Weitere Bände in dieser Reihe http://www.springer.com/series/13088

Bernhard Schäfers

Die bürgerliche Gesellschaft

Vom revolutionären bürgerlichen
Subjekt zur Bürgergesellschaft

 Springer VS

Bernhard Schäfers
Karlsruhe, Deutschland

ISSN 2197-6708   ISSN 2197-6716   (electronic)
essentials
ISBN 978-3-658-17328-9   ISBN 978-3-658-17329-6   (eBook)
DOI 10.1007/978-3-658-17329-6

Die Deutsche Nationalbibliothek verzeichnet diese Publikation in der Deutschen Nationalbiblio-
grafie; detaillierte bibliografische Daten sind im Internet über http://dnb.d-nb.de abrufbar.

Springer VS
© Springer Fachmedien Wiesbaden GmbH 2017

Gedruckt auf säurefreiem und chlorfrei gebleichtem Papier

Springer VS ist Teil von Springer Nature
Die eingetragene Gesellschaft ist Springer Fachmedien Wiesbaden GmbH
Die Anschrift der Gesellschaft ist: Abraham-Lincoln-Str. 46, 65189 Wiesbaden, Germany

Was Sie in diesem *essential* finden können

- Eine kurze Geschichte der bürgerlichen Gesellschaft im Zusammenhang mit der Doppelrevolution seit Ende des 18. Jahrhunderts
- Gründe für den Gegensatz von ideellen Forderungen nach Freiheit, Gleichheit und Demokratie und gesellschaftlicher Wirklichkeit im „langen 19. Jahrhundert"
- Grundzüge der bürgerlichen Gesellschaft in der Theorie
- Eine Darstellung der Architektur und des Städtebaus der bürgerlichen Gesellschaft
- Die Verwirklichung von Idealen einer freiheitlich-demokratischen Gesellschaft in der Weimarer Republik und in der Bundesrepublik Deutschland

Vorwort

Die Bezeichnung *bürgerliche Gesellschaft* zur Charakterisierung der Sozialstruktur der Bundesrepublik Deutschland verschwand seit den 1960er Jahren. Andere Begriffe, die dem sozialen und kulturellen Wandel Ausdruck gaben, traten in den Vordergrund, z. B. postmoderne oder postindustrielle Gesellschaft. Doch das Entschwinden eines Begriffs für eine Gesellschaftsformation, die die klerikal-feudale Ständegesellschaft abgelöst hatte, ist nicht gleichzusetzen damit, dass die in revolutionären Kämpfen errungene bürgerliche Gesellschaft mit ihren politischen, sozialen und kulturellen Errungenschaften ebenfalls verschwunden ist.

Die Absicht der folgenden Ausführungen geht dahin, die Entwicklung der bürgerlichen Gesellschaft seit der *Doppelrevolution*, dem dynamischen Zusammenwirken von politischer und Industrieller Revolution seit Ende des 18. Jahrhunderts, in Erinnerung zu rufen. Leitfiguren der kapitalistischen Klassengesellschaft im „langen 19. Jahrhundert" waren Fabrik- und Bankbesitzer, Großkaufleute, Ärzte und Rechtsanwälte. Was sie, leitende Beamte und Akademiker eingeschlossen, miteinander verband, waren das Streben nach Bildung und eine aus eigener Kraft erworbene berufliche Position.

Viele ideelle Grundlagen der bürgerlichen Gesellschaft, wie die Berufung auf Menschen- und Bürgerrechte, auf Freiheit, Gleichheit und Demokratie für alle Bürgerinnen und Bürger konnten jedoch erst mit der Weimarer Republik bzw. in der Bundesrepublik Deutschland verwirklicht werden. Nun gehören sie als einklagbare Forderungen zum politischen Alltag.

Zu zeigen ist auch, dass vom Bürgertum, seiner Wirtschaftsgesinnung und Familienform, seinen architektonischen und kulturellen Errungenschaften sehr viel mehr in der Gegenwart präsent ist, als allgemein bewusst, sodass berechtigt von „Bürgerlichkeit ohne Bürgertum" gesprochen werden kann.

Karlsruhe, Deutschland   Bernhard Schäfers

Inhaltsverzeichnis

Vom Dritten Stand zum Bürgertum und zur bürgerlichen Gesellschaft

Im Januar 1789, fünf Monate vor Ausbruch der Französischen Revolution, stellte der Aufklärer Emmanuel Joseph Sieyès, zumeist Abbé Sieyès genannt, in einer Flugschrift drei Fragen: *Qu'est-ce que le Tiers Etat?* „Was ist der Dritte Stand? *Alles.* 2. Was ist er bisher in der politischen Ordnung gewesen? *Nichts.* Was fordert er? *Etwas zu sein*" (Sieyès 2010, S. 111).

Der Dritte Stand: Das war das Bürgertum der mittelalterlichen Städte, das seit der frühen Neuzeit immer selbstbewusster die Stände der klerikal-feudalen Gesellschaft, Hochadel und Hohe Geistlichkeit, herausforderte.

Die mittelalterlichen Städte mit ihren Patriziern, Zünften, Gilden und Innungen, ihren in vielen Fällen eigenem Münzrecht und weiteren Rechten autonomer, sich selbst verwaltender Stadtgemeinden lagen, von hohen Mauern geschützt, wie Inseln im feudalen Umland (zum Bürgertum in der mittelalterlichen Stadtgesellschaft vgl. Schmider 2005). In ihnen entwickelten sich, ideell und materiell, die Grundlagen für die bürgerliche Gesellschaft: Formen der Rationalisierung von Ökonomie und Recht und eine bestimmte Wirtschaftsgesinnung – nach Max Weber (1864–1920) Voraussetzung für die Entstehung der bürgerlich-kapitalistischen Gesellschaft.

Als Abbé Sieyès seine Forderungen erhob, hatte in England, Schottland und Wales die Industrielle Revolution bereits begonnen. Sie schuf die Voraussetzungen dafür, dass das Bürgertum zum führenden „Stand" aufsteigen und Kern einer neuen Gesellschaftsordnung werden konnte. Daher ist gerechtfertigt, die bürgerliche Gesellschaft von Beginn an als *bürgerlich-industrielle* oder auch als *bürgerlich-kapitalistische Gesellschaft* zu bezeichnen. Diese Begriffe bringen die Dynamik der durch die *Doppelrevolution* (Hobsbawm 1962, S. 13) voran getriebenen Entwicklung zum Ausdruck.

© Springer Fachmedien Wiesbaden GmbH 2017
B. Schäfers, *Die bürgerliche Gesellschaft, essentials*,
DOI 10.1007/978-3-658-17329-6_1

Noch etwas anderes trug zu dieser Dynamik bei: Der Prozess der Zivilisation, wie ihn Norbert Elias (1997) als einen über Jahrhunderte sich hinziehenden Entwicklungsstrang beschrieben hat. In angelsächsischen Ländern wird die bürgerliche Gesellschaft *civil society* genannt. Der Ausdruck verweist auf den Entstehungszusammenhang dieser Gesellschaftsform seit dem 18. Jahrhundert, als sich das Zivile in den Vordergrund drängte: Etwas, das allen Menschen gemeinsam ist bzw. sein sollte, weil sonst ein kultivierter Umgang miteinander in der bürgerlichen Gesellschaft nicht möglich sei. Diese Verhaltensweisen waren dem Gekünstelten im geselligen Umgang, wie es sich zumal im Rokoko, der Kunstepoche unmittelbar vor Ausbruch der Französischen Revolution, herausgebildet hatte, entgegen gesetzt.

Die von dem Schotten Adam Smith (1723–1790) in seinem Werk „Wohlstand der Nationen" entwickelte Markttheorie, zu der die These gehörte, dass Eigennutz Gemeinwohl schaffe, fand im Bürgertum auch in Deutschland breite Zustimmung. Das 1776 erschienene Werk lag noch im gleichen Jahr auf Deutsch vor. Eine weitere Voraussetzung für die Dynamik der Doppelrevolution waren neben den in Kap. 2 genannten Grundlagen und Forderungen die Säkularisierung bisheriger Kirchengüter und deren Übergang in weltlichen Besitz. In Deutschland war dies mit dem von Napoleon erzwungenen Reichsdeputationshauptschluss verbunden, der 1803 in Regensburg, dem Ort des „Immerwährenden Reichstages", erfolgte und das Ende des „Heiligen Römischen Reiches deutscher Nation" beschleunigte. Die von Hobsbawm (1962, S. 431 ff.) unterstellte „Säkularisierung der Massen" und eine „zunehmende Dechristianisierung" hat es in größerem Ausmaß nicht gegeben. „Gegenkräfte" waren bereits wirksam: Die Romantik, die das christliche Mittelalter wertschätzte, und das als „Heilige Allianz" bezeichnete Bündnis der drei Monarchien Russland, Preußen und Österreich seit 1815.

Andere Grundlagen, die zur Entwicklung der bürgerlichen Gesellschaft beitrugen, waren die *Stein-Hardenbergischen Reformen,* zu denen die sog. Bauernbefreiung ebenso gehörte wie die Emanzipation der Juden (die nun nicht mehr in Gettos leben mussten) und eine Städteordnung. Das entsprechende Edikt vom 9. Oktober 1807, das vor allem auf Freiherr Karl vom und zum Stein (1757–1831) zurück ging, orientierte sich an der mittelalterlichen Selbstverwaltung der Städte und trug dazu bei, den Bürgern ein neues Selbstbewusstsein zu geben.

Die Reformen in Preußen und anderen Ländern des Reiches – bzw. ab 1815 des Deutschen Bundes – waren Vorgänge, die im Handel und Handwerk zu mehr wirtschaftlicher Freiheit führten. Als Beispiel sei die Auflösung der mittelalterlichen und frühneuzeitlichen Organisationen des Gewerbes, der Zünfte der Handwerker und der Innungen der Kaufleute genannt. Unter französischem Einfluss entstanden die Industrie- und Handelskammern der Industrie und des Handwerks, die zwar primär Organe der beruflichen Selbstverwaltung sind, sich aber im staatlichen Auftrag an entsprechenden beruflichen Prüfungen beteiligen.

In der bürgerlich-industriellen und zunehmend auch großstädtisch geprägten Gesellschaft wurden die Lebensformen unabhängiger von der räumlichen Gebundenheit an Dörfer und Nachbarschaften. In einem der ersten deutschsprachigen soziologischen Werke, Ferdinand Tönnies' „Gemeinschaft und Gesellschaft" (1887), wird dieser Vorgang anschaulich: „Also ist zu verstehen, in welchem Sinne der ganze Gang der Entwicklung als fortschreitende Tendenz des städtischen Lebens und Wesens begriffen werden kann" (Tönnies 1963, S. 253).

Gesellschaft ist von grundsätzlich anderer Qualität als Gemeinschaft. „Sie lässt sich denken, also ob sie in Wahrheit aus getrennten Individuen bestehe, die insgesamt für die allgemeine Gesellschaft tätig sind, indem sie für sich tätig zu sein scheinen". „Gesellschaft [...] wird begriffen als eine Menge von [...] Individuen, deren Willen und Gebiete in zahlreichen Verbindungen zueinander stehen, und doch voneinander unabhängig und ohne gegenseitige innere Entwicklung bleiben" (Tönnies 1963, 3 resp., S. 40 f.). Ohne dies ausdrücklich hervorzuheben, beschreibt Tönnies den Übergang von dörflich-ländlichen und kleinstädtischen Verhältnissen zu denen der bürgerlichen Gesellschaft.

Freiheit, Gleichheit, Emanzipation, Toleranz und Öffentlichkeit als Forderungen – Demokratie und Nation als Ziel

2

Die Geschichte des Bürgers als eines freien Menschen hat Vorläufer in der Theorie. Nur die Lehren des Naturrechts seien hervorgehoben. Danach kommen Freiheit und Würde allen Menschen zu (vgl. Willms 1969). An diese Grundlagen, für die in Deutschland Samuel Pufendorf und Christian Wolff zu nennen sind, in England John Locke und David Hume und schließlich die französische Aufklärung mit Voltaire, Denis Diderot und Jean-Jacques Rousseau, konnte der Königsberger Philosoph Immanuel Kant (1724–1804) anknüpfen. In seiner Schrift: „Idee zu einer allgemeinen Geschichte in weltbürgerlicher Absicht" (1784) brachte er das Vernunft- und Freiheitsdenken der Aufklärung auf den Begriff: Nur die „das Recht verwaltende bürgerliche Gesellschaft" erlaube, „die größte Freiheit, mithin einen durchgängigen Antagonismus ihrer Glieder, und doch die genaueste Bestimmung und Sicherheit der Grenzen dieser Freiheit anderer" zu verbinden (Kant 1968, Bd. 9, S. 39).

In diesem Zitat sind zentrale Grundlagen der bürgerlichen Gesellschaft genannt. An erster Stelle die Freiheit eines jeden Bürgers, aber auch dessen Grenzen, die da liegen, wo die Freiheit des anderen berechtigte Ansprüche erhebt. Das ist nicht ohne „einen durchgängigen Antagonismus" der Bürger untereinander möglich. Kant benennt damit ein konstitutives Element der bürgerlichen Gesellschaft als einer sich fortwährend durch Kritik und technische Innovationen erneuernden, vorwärts treibenden Gesellschaftsformation.

Jean-Jacques Rousseau (1712–1778), der wohl einflussreichste Ideengeber für die Französische Revolution, hatte in seiner Schrift, „Über den Gesellschaftsvertrag" (*Du Contrat Social*, 1762) das Problem klar benannt: Grundlage eines von souveränen Bürgern abzuschließenden Gesellschaftsvertrages sei, „eine Form des Zusammenschlusses" zu finden, „die jedes einzelne Mitglied verteidigt und

© Springer Fachmedien Wiesbaden GmbH 2017
B. Schäfers, *Die bürgerliche Gesellschaft, essentials,*
DOI 10.1007/978-3-658-17329-6_2

schützt und durch die doch jeder, indem er sich mit allen vereinigt, nur sich selbst gehorcht und genauso frei bleibt wie zuvor" (Rousseau 2011, S. 17).

Auch Rousseau nimmt das Naturrecht zum Ausgangpunkt der Überlegungen, wie eine freiheitliche Gesellschaft einzurichten sei. Das erste Kapitel im *Gesellschaftsvertrag* beginnt mit dem weithin wirkenden Satz: „Der Mensch wird frei geboren, und überall ist er in Ketten". Hierher bezog nicht nur Friedrich Schiller (1759–1805) sein Freiheitspathos. Das heute noch gern gesungene Lied: „Die Gedanken sind frei", wurde bereits um 1780 auf Flugblättern verbreitet.

In der auf naturrechtlichem Denken basierenden Erklärung der Menschen- und Bürgerrechte zu Beginn der Französischen Revolution heißt es: „Die Menschen sind frei und in ihren Rechten gleich geboren. Die sozialen Unterschiede können nur auf dem allgemeinen Nutzen beruhen" (zu der seit der Französischen Revolution wichtigen Unterscheidung von Bürger als *bourgeois* und Bürger als *citoyen*, also der Unterscheidung von Wirtschafts- und Staatsbürger, vgl. Riedel 1971; w. u., S. 17).

Die Forderungen nach Freiheit übertönten von Beginn an die nach Gleichheit. Die bis heute bekannteste und einflussreichste Abhandlung zum Thema Gleichheit/Ungleichheit hat Jean-Jacques Rousseau 1754 als Preisschrift der Akademie von Dijon verfasst. Dort heißt es: „Der erste, der ein Stück Land eingezäunt hatte und auf den Gedanken kam zu sagen: ‚Dies ist mein' und der Leute fand, die einfältig genug waren, ihm zu glauben, war der wahre Begründer der zivilen Gesellschaft" (Rousseau 2010, S. 74).

Die Verbindung der bürgerlichen (in England und Frankreich: der zivilen) Gesellschaft mit dem Eigentum trifft einen Kern. Er wurde in sozialistischen Gesellschaftstheorien ein zentraler Ausgangspunkt der Kritik an der auf privatem Eigentum gegründeten bürgerlichen Gesellschaft und ihrem „Besitzindividualismus" (Macpherson1967: *Possessive Individualism*).

In Deutschland tat man sich schwer mit dem Postulat der Gleichheit, wenn es über das Ziel, für alle Menschen rechtliche Gleichheit einzufordern, hinausging. Die Revolutionstruppen, die nach 1790 die Ideale der Französischen Revolution – Freiheit, Gleichheit, Brüderlichkeit – in andere Länder tragen sollten, wurden in Deutschland als „Gleichheitsmänner" und „Gleichheitsfanatiker" beschimpft (Dann 1975, S. 1019). Beim Gleichheitsbegriff gab es von Beginn an viel Unsicherheit, auch Ängstlichkeit der besitzenden Bürger. Friedrich Schiller bringt das im „Lied von der Glocke" (1799) zum Ausdruck: „Freiheit und Gleichheit! Hört man schallen/Der ruhige Bürger greift zur Wehr/Die Straßen füllen sich, die Hallen/Und Würgerbanden ziehn umher".

Carl Rotteck schreibt einleitend in seinem Artikel „Gleichheit" im damals bekanntesten Staatslexikon (Rotteck und Welcker, 2. A. 1847): „Kein Wort, selbst jenes der Freiheit nicht, mit welchem soviel Missbrauch getrieben und welches […] so arg missverstanden, so schwankend oder falsch, so abgeschmackt oder arglistig gedeutet worden wäre als jenes der Gleichheit" (zit. bei Dann 1975, S. 1029).

Einige Jahrzehnte später fasste Friedrich Engels (1820–1895) in seinem „Anti-Dühring" (1877), eine Grundschrift des theoretischen Marxismus, die immer heftigere Diskussion um das Thema Gleichheit wie folgt zusammen: „Wir wissen jetzt, dass dies Reich der Vernunft weiter nichts war als das idealisierte Reich der Bourgeoisie […], dass die Gleichheit hinauslief auf die bürgerliche Gleichheit vor dem Gesetz" (zit. bei Dann 1975, S. 1040).

Geht man von den Parolen der Französischen Revolution aus, so lässt sich in einer abstrahierenden Zusammenfassung sagen: die liberale bürgerliche Gesellschaft betonte vor allem das Moment der Freiheit, die sozialistische Gesellschaft das der Gleichheit – auf Kosten der individuellen Freiheit.

Der hellsichtigste Theoretiker der Entwicklung von Gleichheit unter den Voraussetzungen der Demokratie, Alexis de Tocqueville (1805–1859), schrieb im ersten Band (1835) seiner Untersuchungen über „Die Demokratie in Amerika":

> Ich entdeckte ohne Mühe den erstaunlichen Einfluss, den diese Tatsache [die Gleichheit] auf die Entwicklung der Gesellschaft ausübt; sie gibt dem Denken der Öffentlichkeit eine bestimmte Richtung, den Gesetzen einen bestimmten Anstrich, den Regierungen neue Grundlagen […]. Die erste und stärkste Leidenschaft, die aus der Gleichheit der gesellschaftlichen Bedingungen hervorgeht, ist die Liebe zu eben dieser Gleichheit (Tocqueville 1959, Bd. I, S. 61, 109).

Wie Freiheit steht auch die *Toleranz* unter dem Gebot von Bürgerrechten und Bürgerpflichten. Friedrich der Große von Preußen, an dessen Hof in Potsdam Voltaire (1694–1778) für einige Jahre weilte, tat den Ausspruch: „In meinem Land kann jeder nach seiner Façon selig werden". Wie, interessierte ihn nicht, das war Privatsache. Sein Interesse galt dem strebsamen Bürger, von denen gerade zu seiner Zeit viele aus Glaubensgründen aus ihren Ländern, wie die Hugenotten aus Frankreich oder die Protestanten aus dem Erzbistum Salzburg, ausgewiesen wurden.

Eine weitere Epochalkategorie der bürgerlichen Gesellschaft ist *Öffentlichkeit*. Sie gehört zu den grundlegenden Forderungen der Aufklärung, auch um Schluss zu machen mit den Geheimkabinetten und Willkürmaßnahmen der Herrschenden. Sie bezeichnet nicht nur ein Prinzip des allgemeinen Zugangs, z. B. zu Versammlungen, Gerichtsverhandlungen usw., sondern ist als politische Öffentlichkeit ein Strukturprinzip der Demokratie (Habermas 1962).

Nation wurde seit Ende des 18. Jahrhunderts zu einem Schlüsselbegriff in den Freiheitsforderungen der Protagonisten der bürgerlichen Gesellschaft. Gegen alle Entstellungen des Begriffs im Verlauf seiner Geschichte, zumal der deutschen, ist in Erinnerung zu rufen, dass die Entwicklung des bürgerlichen Verfassungs- und Rechtsstaats untrennbar mit dem Begriff der Nation verknüpft ist. Nation: das war der neue staatliche und territoriale Ordnungsrahmen, der die dynastischen Grundlagen des Ständestaats und Feudalismus ablösen sollte. Nation in diesem Verständnis ist die Vereinigung von Staatsbürgern unter einer Verfassung, der sie zugestimmt haben. Und der daraus resultierende Staat ist eine „Vereinigung von Menschen unter Rechtsgesetzen" (Kant, Metaphysik der Sitten, § 44).

Diese Auffassung von Nation wurde von Beginn an unterlaufen durch eine weitere, die bis in die Gegenwart eine große Rolle spielt und mit Johann Gottfried Herder (1744–1803) Sprache und Kultur, Geschichte und Volkstum ins Zentrum der nationalen Einigung rückte – wobei die Leistung Herders, mit diesem Ansatz vielen Völkern und Kulturen im Europa des 19. Jahrhunderts überhaupt erst zu Selbstbewusstsein und Freiheit verholfen zu haben, nicht unerwähnt bleiben darf.

Es konnte nicht ausbleiben, dass die Appelle an Volk, Sprache und Kultur zumal in den deutschen Staaten nach der Auflösung des „Heiligen Römischen Reiches deutscher Nation" 1806 auf fruchtbaren Boden fielen, da der deutsche Weg zu einem modernen Rechts- und Verfassungsstaat nicht zuletzt aus einer anti-französischen und anti-revolutionären Bewegung und Gesinnung heraus erfolgte. Bekannt wurden Johann Gottlieb Fichtes „Reden an die deutsche Nation", die er 1808 im von französischen Truppen besetzten Berlin hielt. Sie waren auch aus Enttäuschung über Napoleon entstanden, für den er sich begeistert hatte (zur Begriffs- und Wirkungsgeschichte von Nation und Nationalismus Kunze 2005; zur deutschen Reaktion auf die Französische Revolution und Napoleon: Wehler 2008, Bd. I).

Damit die Nation für alle Menschen, die der Verfassung zugestimmt haben, politische Heimat werden kann, muss der Einfluss religiöser und ethnischer Besonderheiten minimiert werden. Ein unmittelbares Einwirken religiöser Forderungen auf den Staat darf es nicht geben. Rousseau: „Heute, wo es eine ausschließliche Staatsreligion nicht mehr gibt oder geben kann, muss man alle jene tolerieren, die ihrerseits die anderen tolerieren, sofern ihre Dogmen nicht gegen die Pflichten des Bürgers verstoßen" (Rousseau 2011, S. 157) – ganz so, wie es Friedrich II. von Preußen bereits sehr lapidar ausgedrückt hatte.

Seit der Aufklärung und den bürgerlichen Revolutionen wurde *Demokratie* als die dem freien und gleichen Staatsbürger angemessene Staatsform zu einer Schlüsselvokabel in den Diskussionen um den Nationalstaat, seine Verfassung und politisch-normative Kultur. Die Grundgedanken gehen zurück zur *polis*, den Stadtstaat der Griechen. Bei Aristoteles (384–322 v. Chr.) heißt es im sechsten Buch seiner „Politik": „Die Grundlage der demokratischen Verfassung ist die Freiheit".

Der Unterschied zu den Demokratielehren, die in der Zeit der Aufklärung entwickelt wurden, besteht darin, dass bei Aristoteles Demokratie und Freiheit ausschließlich auf die Polisbürger bezogen waren, nicht auf alle Menschen. Dies einzufordern und mit der Durchsetzung und rechtsstaatlichen Sicherung der allgemeinen Menschen- und Bürgerrechte zu verbinden, war den Naturrechtslehren, der Aufklärung und den bürgerlichen Revolutionen vorbehalten.

Die bürgerliche Gesellschaft in der Theorie

Die erste Theorie der bürgerlichen Gesellschaft stammt vom englischen Philosophen und Staatstheoretiker Thomas Hobbes (1588–1679). Wie ist gesellschaftliche Harmonie möglich? war seine Ausgangsfrage in der einflussreichen Schrift, *Leviathan or the matter, forms and power of a Common Wealth ecclesiastical and civil* (1651). Hobbes suchte nach den Voraussetzungen, die verheerenden religiösen Bürgerkriege seiner Zeit zu beenden. Den Schlüssel sah er darin, den Einfluss der Religion auf das Staatsgeschehen zurück zu drängen und den Eigennutz der Menschen für das Gemeinwesen fruchtbar zu machen.

Im Gegensatz zu Adam Smith war Hobbes anthropologisch pessimistisch eingestellt *(homo homini lupus)*. Eine friedliche gesellschaftliche Entwicklung sei nur dadurch möglich, wenn den nach Sicherheit strebenden Bürgern das freie Spiel der Kräfte auf der Basis von freier Verfügung über Eigentum erlaubt würde. Das alles kann nur nach strengen Regeln und Gesetzen auf der Basis eines Vertrages aller Bürger, als Grundlage des Staates, erfolgen. Über die Einhaltung des freien Spiels der Kräfte wacht der *Leviathan,* ein unnachsichtig starker Staat.

Die bündigste und einflussreichste Theorie der bürgerlichen Gesellschaft stammt von dem 1770 in Stuttgart geborenen Philosophen Georg Wilhelm Friedrich Hegel. Er war seit 1818 Nachfolger Fichtes auf dem Berliner Lehrstuhl für Philosophie und begeisterte ein breites studentisches und bürgerliches Publikum, weil er seine Zeit philosophisch „in Gedanken fasste" – dies der Anspruch Hegels in der Vorrede in den „Grundlinien der Philosophie des Rechts" von 1821, seiner Theorie der bürgerlichen Gesellschaft. Hegel war begeisterter Anhänger der Ideen der französischen Revolution; durch sie sah er den Fortgang der Geschichte beschleunigt, deren Ziel es sei, alle Menschen zur Freiheit zu führen (über Hegel und die französische Revolution vgl. Ritter 1965).

© Springer Fachmedien Wiesbaden GmbH 2017   11
B. Schäfers, *Die bürgerliche Gesellschaft, essentials,*
DOI 10.1007/978-3-658-17329-6_3

Die Rechtsphilosophie rückt das Recht ins Zentrum der persönlichen Freiheitsgarantien und der Entwicklung der bürgerlichen Gesellschaft. Hegel hatte auch den *Code Napoléon* vor Augen, der Grundgedanken der Französischen Revolution in das Recht einfließen ließ. Hierzu gehörten im *Code Civil* (1804) die Gleichheit vor dem Gesetz, die freie Verfügung über Eigentum, aber auch die Zivilehe, die in Deutschland erst gegen großen Widerstand der Kirchen nach der Reichseinigung im Jahr 1875 eingeführt wurde.

Der erste Teil des *Code Napoléon,* der das Zivilrecht ordnet, war Vorbild für Gesetzeswerke in den Ländern des auf dem Wiener Kongress 1815 gegründeten Deutschen Bundes und ging nach der Reichseinigung 1871 in das ab 1900 geltende Bürgerliche Gesetzbuch ein (vgl. S. 39). Das gilt auch für die weiteren Teile des *Code Napoléon:* den *Code de Commerce* (Handelsrecht 1807) und den *Code pénal,* das Strafrecht (1810). Damit wurden die Grundlagen für die bürgerliche Gesellschaft als Rechtsgesellschaft gelegt und ein weit in das Privatleben hinein reichender Ordnungsrahmen geschaffen.

Die Rechtsphilosophie gliedert sich in die Teile Naturrecht und Staatswissenschaft (hier besonders wichtig die §§ 41–71: Das Eigentum); Moralität und Sittlichkeit. Dieser Teil ist im Kern eine Theorie der bürgerlichen Gesellschaft. Sie beruht auf den drei Säulen: Familie, Gesellschaft und Staat, die in Wechselwirkung aufeinander bezogen sind. Auch in der gegenwärtigen Gesellschaft ist dieses „Modell" in der Verfassung verankert und Gegenstand politischer Auseinandersetzungen z. B. dann, wenn bestimmte gesetzliche Regelungen zur Familie als eine zu weit gehende Bevormundung durch den Staat kritisiert werden.

Im Abschnitt über die bürgerliche Gesellschaft nimmt Hegel nicht nur das Erbe der Französischen Revolution auf, sondern auch das der politischen Ökonomie, zumal der von Adam Smith. Die Gesellschaft wird als „System der Bedürfnisse" definiert (§§ 189–208), das durch „drei Momente" (Hegel) bestimmt wird: die Art des Bedürfnisses und die Befriedigung desselben durch Arbeit; das darin enthaltene Moment der Freiheit, das durch Eigentum gewährleistet ist.

Wie sehr Hegel auf seine Zeit einging und die Entwicklungen und Auswirkungen der Industriellen Revolution in die Überlegungen einbezog, zeigen seine Ausführungen über die Armut und darüber, ob sie sich durch die Industrie beheben lasse (§§ 243 ff.). Er betont „die Vereinzelung und Beschränktheit der besonderen Arbeit und damit die Abhängigkeit und Not der an diese Arbeit gebundenen Klasse"; „das Herabsinken einer großen Masse unter das Maß einer gewissen Subsistenzweise".

Es zeige sich, dass bei allem „Übermaße des Reichtums die bürgerliche Gesellschaft nicht reich genug ist, d. h. an dem ihr eigentümlichen Vermögen nicht genug besitzt, dem Übermaße der Armut und der Erzeugung des Pöbels zu steuern". In England stelle sich dieses Problem anders dar; dort werde „die bürgerliche Gesellschaft über sich hinausgetrieben […], um außer ihr in anderen Völkern […] die nötigen Subsistenzmittel zu suchen". „Die ausgebildete bürgerliche Gesellschaft" werde somit zur Kolonisation getrieben, „wodurch sie teils einem Teil ihrer Bevölkerung in einem neuen Boden die Rückkehr zum Familienprinzip ermögliche, teils sich selbst damit einen neuen Bedarf und Feld ihres Arbeitsfleißes verschafft".

Hier und an vielen anderen Stellen der Rechtsphilosophie, dort z. B., wo das volle Bürgerrecht an das Vorhandensein von Eigentum und die damit verbundene Handlungsfähigkeit in der Gesellschaft geknüpft wird, finden sich Ansatzpunkte für Marx, Hegel „vom Kopf auf die Füße zu stellen", d. h. aus idealistischer Geschichtsphilosophie und bürgerlicher Ökonomie eine für alle Menschen akzeptable materialistische Praxis zu machen („Zur Kritik der Hegelschen Rechtsphilosophie", Marx 2008, S. 27–146).

Die Soziologie als eigenständige Wissenschaft entstand, um auf die gesellschaftlichen Veränderungen, die durch die Doppelrevolution verursacht wurden, eine Antwort zu geben (über die Entwicklung der Soziologie im Zusammenhang von Aufklärung und industrieller Revolution vgl. Schäfers 2016). Alle soziologischen Theorien bis zum Ersten Weltkrieg waren implizit und/oder explizit Theorien der bürgerlichen Gesellschaft. Das gilt für Auguste Comte (1798–1857) wie für Herbert Spencer (1820–1903), für Ferdinand Tönnies (1855–1936) und Émile Durkheim (1858–1917), aber auch für Max Weber (1864–1920) und Georg Simmel (1858–1918). Ein Kern ist die Betonung des freiheitlichen Individualismus, verknüpft mit der Frage, wie trotzdem der gesellschaftliche Zusammenhalt gewährleistet werden kann.

Ideal und Wirklichkeit: Obrigkeitsstaat gegen bürgerliche Freiheit

4

Individuelle Freiheit und Selbstbestimmung gehörten zu den zentralen Forderungen der bürgerlichen Revolutionen. Sie gerieten im Verlauf der Französischen Revolution, in der der *terreur* die Oberhand gewann, zunehmend unter den Verdacht nicht nur der Zerstörung der ständestaatlichen Ordnung, sondern von Ordnung überhaupt. Weder in den Truppen der Revolution noch denen Napoleons wurden Bannerträger einer freiheitlichen Gesellschaft gesehen. Napoleons Selbstkrönung zum Kaiser im Jahr 1804 hatte die Hoffnung zerstört, er sei der Repräsentant einer neuen republikanischen Zeitenwende. Zensur und Bespitzelung trieben kritische französische Bürger und Intellektuelle (die er verspottete) in die Emigration.

Die starke Zerstörung deutscher Städte 1806, unter ihnen Jena und Weimar, und die Besetzung Preußens durch französische Truppen schufen kein Klima, das der Ausbreitung der Ideale der Französischen Revolution förderlich war. Daher stieß der nach der Völkerschlacht bei Leipzig im Oktober 1813 und der (vermeintlich definitiven) Niederlage Napoleons einberufene Wiener Kongress zur Neuordnung Europas im Hinblick auf die Wiederherstellung der alten Ordnung auf keine größere Gegenwehr. Preußen, Österreich und Russland verbündeten sich in der „Heiligen Allianz" und überzogen ihre Bevölkerung mit Repressalien, Folter und Gefängnis (vgl. Zamoyski 2016).

In Deutschland waren die „Karlsbader Beschlüsse" – 1819 unter dem Vorsitz des österreichischen Staatsmannes Fürst Metternich gefasst – sprichwörtlich für die Unterdrückung der vor allem von den Studenten getragenen freiheitlichen Bewegungen, das Ende der Lehrfreiheit und die Einschränkung der Pressefreiheit. Daran änderte sich über Jahrzehnte nur wenig. Kritische Geister wie Heinrich Heine (1797–1856) oder Karl Marx (1818–1883) mussten emigrieren.

© Springer Fachmedien Wiesbaden GmbH 2017
B. Schäfers, *Die bürgerliche Gesellschaft*, essentials,
DOI 10.1007/978-3-658-17329-6_4

Für Deutschland wurde insbesondere die im Jahr 1848/1849 gescheiterte, im März 1848 „niederkartätschte" Revolution zu einem bis heute nachwirkenden Wendepunkt seiner Geschichte: Der preußische König Friedrich Wilhelm IV. lehnte die ihm im Auftrag der Frankfurter Paulskirchenversammlung angebotene Kaiserkrone ab. Er wolle dieses „Hundehalsband" nicht, mit dem man ihn „an die Revolution von 1848" kette (zit. bei Stadelmann 1973, S. 146).

Politisch wurde mit harter Hand regiert, unterstützt von einem vor allem in Preußen reaktionären Protestantismus, der in den Stiehl'schen Regulativen für den Schulunterricht von 1854 seinen Ausdruck fand. Eine weitere Stütze war das Militär. So wurde dem unheilvollen deutschen Untertanengeist der Weg gebahnt (vgl. Heinrich Manns Roman, „Der Untertan". Sein Erscheinen wurde 1914, nach dem Kriegsausbruch, verboten).

Doch in dem Maße, wie sich die Aufstiegs- und Konsummöglichkeiten in der expandierenden bürgerlichen Gesellschaft verbesserten, ließen die Proteste nach und aus den rebellischen Studenten wurden anpassungswillige Bürger, die in ihren Verbindungen nach 1871 ein Hoch auf Kaiser und Reich, auf Bismarck und alles Deutsche ausbrachten. Selbst Max Weber, einst Mitglied in einer schlagenden studentischen Verbindung, geißelte in seiner ansonsten sehr nationalistischen Freiburger Antrittsvorlesung über „Nationalstaat und Volkswirtschaftspolitik" (1895) die mangelnde politische Urteilsfähigkeit des Bürgertums, die er versunken sah in einer „politischen Spießbürgerei, aus welcher die breiten Schichten des Kleinbürgertums noch niemals erwacht sind" (Weber 2002, S. 40 ff.; vgl. zur kleinbürgerlichen „Spießer-Ideologie" auch Glaser 1993, S. 149 ff.).

Bei dieser Gemütslage verwundert es kaum, dass das heftig umstrittene Dreiklassen-Wahlrecht so lange Bestand hatte. Dieses im Jahr 1850 mit der „Verfassungsurkunde für den Preußischen Staat" für die Wahl des Abgeordnetenhauses eingeführte Wahlrecht galt bis 1918. Alle Änderungsversuche politisch aufgeklärter oder aufbegehrender Kreise, zumal aus der Arbeiterschaft, schlugen fehl. Besonders gravierend waren die Auswirkungen bei der unterrepräsentierten Arbeiterschaft. Sie umfasste 1871 etwa ein Fünftel der Bevölkerung, 1882 bereits ein Viertel und im Jahr 1907 ein Drittel (vgl. Henning 1973). Die Rechte der Arbeiter wurden zusätzlich beschnitten durch das auf Druck von Reichskanzler Otto von Bismarck im Jahr 1878 erlassene „Gesetz gegen die gemeingefährlichen Bestrebungen der Sozialdemokratie". Bis zur Aufhebung dieses Gesetzes im Jahr 1890 waren alle sozialistisch bzw. kommunistisch orientierten Parteien und Gewerkschaften verboten.

Klassen- und Sozialstruktur der bürgerlichen Gesellschaft

Besitz und Bildung, die individuelle Leistung, verbunden mit einem beruflichen Aufstiegsstreben jenseits ständischer Muster von Vererbung und Heirat waren Kriterien der Zugehörigkeit zum Bürgertum. Seinen Kern bildeten Fabrikbesitzer und das Handels- und Bankiersbürgertum (vgl. Kocka 1987; Lepsius 1987). Hinzu kam das sich im 19. Jahrhundert rasch vergrößernde Bildungsbürgertum: Lehrer im Schul- und Hochschulsystem, Beamte in gehobenen Positionen des Staates und der Kommunen, der Justiz und in den expandierenden staatlichen Großunternehmen von Bahn und Post, Rechtsanwälte und Ärzte und damit die Sozialschichten, die sich auch heute noch dem Bürgertum zugehörig fühlen.

Wie hervorgehoben, war die sich heraus bildende bürgerliche Gesellschaft erstmalig „Gesellschaft" im heute üblichen Sprachgebrauch. Aber sie entstand auch als Klassengesellschaft, in der die allen Bürgern zugestandenen Rechte überwiegend nur klassenspezifisch wahrgenommen werden konnten. Auf die Allgemeingültigkeit der Rechte wies auch der damals bekannte Arbeiterführer Ferdinand Lassalle (1825–1864) in einer Rede vor Maschinenarbeitern in Berlin hin: „In die deutsche Sprache übersetzt würde das Wort Bourgeoisie mit Bürgertum zu übersetzen sein. Diese Bedeutung aber hat es bei mir nicht! Bürger sind wir alle, der Arbeiter, der Kleinbürger, der Großbürger usw." (zit. bei Lenger 2003, S. 169). Lassalle betonte die Rechte *aller* Staatsbürger, der *citoyen*. Dass die Anrede „Bürger" (z. B. „Bürger Marx") bis in die 1890er Jahre auch unter Sozialisten und Kommunisten üblich war, um auf den damit verbundenen revolutionären Anspruch gegenüber dem *ancien régime* hinzuweisen, sei nur am Rande erwähnt. Erst gegen Ende des 19. Jahrhunderts setzte sich, in der SPD bis auf den heutigen Tag, die Anrede „Genosse" durch.

Die Gesamtheit der Bürger i. e. S. betrug im 19. Jahrhundert zwischen 5 und 15 %. Rudolf Stadelmann (1973, S. 29) charakterisierte die Situation um 1848

© Springer Fachmedien Wiesbaden GmbH 2017
B. Schäfers, *Die bürgerliche Gesellschaft*, essentials,
DOI 10.1007/978-3-658-17329-6_5

wie folgt: „Die deutsche Bevölkerung fand bis zur Jahrhundertmitte noch zu vollen zwei Dritteln, in Preußen sogar bis zu vier Fünfteln, ihre Beschäftigung in der Landwirtschaft". In Deutschland bildete sich die bürgerlich-industrielle Gesellschaft erst nach 1850 heraus, voran getrieben durch ehrgeizige und innovative Unternehmerpersönlichkeiten. Genannt seien Franz Haniel (1779–1868) für den Bergbau, Friedrich K. Krupp (1812–1887) für die Eisenindustrie, Werner von Siemens (1816–1892) für die Starkstromtechnik und Elektroindustrie, Carl Zeiss (1816–1888) in der optischen Industrie. Lothar Gall (1989) hat am Beispiel einer badischen Unternehmerfamilie, den Bassermanns, den Aufstieg und die Bedeutung – nicht zuletzt als Mäzene – einer Familiendynastie über einen Zeitraum von rund zweihundert Jahren als Geschichte des Bürgertums geschildert.

Das Proletariat, womit vor allem die Gruben-, Zechen- und Fabrikarbeiter gemeint waren, erlangte erst nach 1860 größere Anteile an den Beschäftigten, verbunden mit einem rasanten Wachstum der Industriestädte. Dortmund z. B. vergrößerte sich zwischen 1818 und 1871 von 4300 auf 44.400 Einwohner (1910: 260 Tsd.; Eingemeindungen eingeschlossen).

Als Marx und Engels 1848 ihr Kommunistisches Manifest verfassten, war absehbar, dass das Proletariat im Hinblick auf die Arbeits- und Beschäftigungsstruktur schon bald alle anderen Berufsgruppen, ausgenommen die der Landwirtschaft, weit hinter sich lassen würde. Das Proletariat sei historisch ausersehen und berechtigt, das Erbe der bürgerlichen Revolution anzutreten und die Fesseln der bürgerlich-kapitalistischen Gesellschaft zu sprengen. Das werde dadurch erleichtert, so hieß es im Kommunistischen Manifest, dass „unsere Epoche, die Epoche der Bourgeoisie [...], die Klassengegensätze vereinfacht hat. Die ganze Gesellschaft spaltet sich mehr und mehr in zwei große feindliche Lager, in zwei große, einander direkt gegenüberstehende Klassen: Bourgeoisie und Proletariat" (Marx 2008, S. 340).

In Deutschland wurden die mit dem Aufkommen der Arbeiterschicht als Klasse verbundenen Veränderungen zunächst unter den Stichworten „sociale Frage" und „Vierter Stand" abgehandelt (vgl. Pankoke 1970). Weite Verbreitung im Bürgertum fanden die von Wilhelm Heinrich Riehl (1823–1897) verfassten Werke zur „Naturgeschichte des Volkes als Grundlage einer deutschen Socialpolitik" (1851–1855). Die Arbeiterschaft sei als Vierter Stand (Riehl 1861, S. 342 ff.) in die bestehende Ordnung einzugliedern. Der Band, in dem sich Ausführungen dazu finden, erschien 1851. Es dürfte eines der ersten Werke sein, das den Titel trägt: „Die bürgerliche Gesellschaft". Riehl führte „alle gesellschaftlichen Übel auf die allgemeine Strukturkrise der bürgerlichen Emanzipation zurück. Die Not der arbeitenden Klasse erschien ihm lediglich als Symptom eines epochalen Zerfalls der ständischen Ordnung" (Pankoke 1970, S. 61).

So haben wir für das „lange 19. Jahrhundert" (Bauer 2010) die Situation, dass es sich im Hinblick auf Ökonomie und Verwaltung, auf das Recht und zahlreiche Institutionen – wie die erwähnten Industrie- und Handelskammern –, im Hinblick auf Kunst, Architektur und Städtebau zwar um eine bürgerliche, am Fortschritt orientierte Gesellschaft handelte, die Entwicklung von Freiheit und Demokratie aber weit hinterher hinkte.

Die kapitalistische bürgerliche Gesellschaft 6

Die bürgerliche Wirtschaftsgesellschaft entwickelte sich nicht so, wie es die optimistische Markttheorie von Adam Smith prognostiziert hatte. Als sein Werk 1776 erschien, war die Industrielle Revolution auch in England noch in ihren Anfängen. Die Freiheiten im Wirtschaftsleben wurden vor allem von jenen genutzt, die über Eigentum und Kapital verfügten und danach trachteten, es zu mehren. Bald gab es marktbeherrschende Monopole.

Die bürgerliche Gesellschaft wurde mehr und mehr geprägt vom „kapitalistischen" Geist, der nach Max Weber nicht länger nur eine „Teilerscheinung in der Gesamtentwicklung des Rationalismus" war, sondern die Gesellschaft bis hin „zu den letzten Lebensproblemen" durchdringe, wie er in seiner bekanntesten Abhandlung, „Die protestantische Ethik und der ‚Geist' des Kapitalismus" ausführte (Weber 2002, S. 184).

Werner Sombart (1863–1941) hat in seiner Darstellung des „Bourgeois. Geistesgeschichte des modernen Wirtschaftsmenschen" (zuerst 1913) die „geistreichen Hypothesen" von Max Weber (1988, S. 341) um historische Vorstufen ergänzt. Der „kapitalistische Geist", der „die alte Welt in Trümmer" geschlagen habe, hatte nach Sombart seine Wurzeln im *Trecento* (14. Jahrhundert) des katholischen Oberitalien, zumal in Florenz. Die dort entwickelten geldwirtschaftlichen Instrumente und Banken, vor allem aber die entsprechende Wirtschaftsgesinnung, kamen mit der Doppelrevolution zu völlig neuer Entfaltung (Sombart 1988, 27 resp., S. 108 ff.). Ein ausgebautes Banken-, Börsen- und Kreditwesen war auch die Voraussetzung für die Expansion des industriellen Kapitalismus (zu dessen Institutionalisierung in Deutschland ausführlich Henning 1973).

Nach Eric Hobsbawm waren die Jahre 1848–1875 „die Blütezeit des Kapitals". Der weltweite Triumph des Kapitalismus sei zum Hauptthema der Geschichte geworden. Eine Wirtschaft auf dieser Grundlage würde, so war die

© Springer Fachmedien Wiesbaden GmbH 2017
B. Schäfers, *Die bürgerliche Gesellschaft, essentials,*
DOI 10.1007/978-3-658-17329-6_6

verbreitete Vorstellung, „eine Welt angemessen verteilten materiellen Wohlstands
hervorbringen" (Hobsbawm 1980, S. 12). Die existierenden Kolonialreiche der
Engländer und Franzosen, Belgier, Niederländer und Portugiesen umfassten mehr
als die Hälfte der Erdoberfläche. „Nie zuvor übten Europäer eine vollständigere
und unangefochtenere Herrschaft über die Welt aus als im dritten Viertel des
19. Jahrhunderts" (Hobsbawm 1980, S. 169). Dass die Blütezeit des Kapitals in
die Epoche des weltweiten *Imperialismus* führte, sei hier nur erwähnt (vgl. Wehler 2008, Bd. 3, S. 1137 ff.).

Deutschland gelangte, auch hier „verspätete Nation" (Plessner 1974), durch
Druck der Industrie und des Finanzkapitals auf Reichskanzler Otto von Bismarck
in den 1880er Jahren in den Kreis der Kolonialmächte. Das Kaiserreich verfügte
Ende des Jahrhunderts über Kolonialbesitz – von Bismarck „Schutzgebiete"
genannt – vor allem in Afrika, aber auch in China und Ozeanien (zur Geschichte
des Kolonialismus Osterhammel 2006).

Ein früher Triumph dieser weltweit ausgreifenden kapitalistischen Entwicklung war die erste Weltausstellung in London im Jahr 1851. In dem von Joseph
Paxton errichteten, über 600 m langen „Kristallpalast", der die „Welt der Industrie und des Fortschritts" zur Schau stellte, kamen von den fast 14 Tsd. Ausstellern
über 50 % aus Großbritannien und seinen Kolonien. Die zweite Weltausstellung
in Paris 1855 war nicht minder pompös inszeniert, wofür Kaiser Napoleon III.
sorgte.

Die bürgerliche Familie

7

Die bürgerliche Familie wurde zum Dreh- und Angelpunkt im bürgerlichen Wertekanon und bürgerlichen Verhalten. Auch für die Arbeiterfamilie wurde sie zum Vorbild – bis hin zu dem Ideal, dass sich die Frau und Mutter ganz der Familie widmen sollte. Für die Familie des Bürgertums nennt Heidi Rosenbaum in ihrer Darstellung der Familienformen im 19. Jahrhundert folgende Merkmale:

- Die Familie wurde zu einer auf sich selbst fixierten Einheit, bei starker Betonung der emotionalen Bindungen der Ehegatten sowie von Eltern und Kindern, geprägt durch einen „gefühlsintensiven Binnenraum der Familie [...]. Die Konzentration auf die ,inneren Werte' [...] traten für das deutsche Bürgertum als Kompensation an die Stelle der politischen Auseinandersetzungen" (Rosenbaum 1982, S. 260).
- Das sittlich-geistige Wohl der Kinder und deren Erziehung und Bildung wurden zu einer Hauptaufgabe, vor allem der nicht berufstätigen Frau und Mutter.
- Es entwickelte sich, bei strikter Trennung der häuslichen Sphäre vom Berufsleben des Mannes, ein neuer Wohn- und Lebensstil, zu dem in den Familien des Besitz- und Bildungsbürgertums auch die musische Erziehung und Hauskonzerte gehörten.

Diese Verhaltensmuster kristallisierten sich vor allem in der Zeit des Biedermeier (etwa 1815–1848) heraus, also nach den napoleonischen Kriegen und dem Wiener Kongress, als man sich auf eine ruhigere, behagliche Zeit einstellte und die geistig-kulturelle Bewegung der Romantik nicht nur das Wanderleben „erfand", sondern auch zum ruhigen Betrachten von Natur und mittelalterlicher Kunst und Architektur anregte.

© Springer Fachmedien Wiesbaden GmbH 2017   23
B. Schäfers, *Die bürgerliche Gesellschaft*, essentials,
DOI 10.1007/978-3-658-17329-6_7

Die Attraktivität der bürgerlichen Familienform für andere Bevölkerungsgruppen beruhte auf der „kulturellen Prägekraft des Bürgertums und seiner Vorbildfunktion innerhalb der Gesellschaft" (Rosenbaum 1982, S. 379). Hierzu zählten auch die religiöse Fundierung der Erziehung und ihre Ausrichtung auf die Werte der Nation und des Vaterlandes.

Die in der bürgerlichen Familie ausgebildeten Ideale können wie folgt zusammengefasst werden: Die Erziehung zielt durch entsprechende Bildungsprozesse auf Selbstständigkeit und Selbstverantwortung, unterstützt durch ein spezifisches Berufsethos, das nach Max Weber vor allem auf der protestantischen Ethik basierte. Was seit der Studentenrevolte 1967 ff. als „Sekundärtugenden" kritisiert wurde, war Bestandteil dieser bürgerlichen Erziehung: Ordnungssinn und Fleiß, Pünktlichkeit und Disziplin, Pflichtbewusstsein und Verlässlichkeit. Diese als „typisch deutsch" geltenden Tugenden sind ja nicht verschwunden. Ohne sie wären bestimmte Elemente des gesitteten gesellschaftlichen Umgangs miteinander und des sozialen Zusammenhalts nicht möglich.

Bis in die 1960er Jahre war in Westdeutschland die bürgerliche Familie „eine kulturelle Selbstverständlichkeit und wurde von der überwältigenden Mehrheit der Bevölkerung auch unhinterfragt gelebt" (Peuckert 2012, S. 11). Erst dann geriet sie, wie zuvor in der Theorie der Frankfurter Schule (vgl. Art. „Familie", in: Institut für Sozialforschung, 1956), in die Kritik der revoltierenden Studenten, als „Reproduktionsinstanz reaktionärer Erziehung".

Und auch dies gehörte und gehört zum Teil immer noch zu den Wertmustern der Familie: Die Geschlechterdifferenzierung von Frau und Mann mit klaren Aufgaben und Rollenmustern (vgl. zu dieser als „natürlich" aufgefassten Rollenaufteilung auch Budde 2009, S. 25 f.). Eine derartige Trennung familiärer und beruflicher Aufgaben hatte es nie zuvor in der Geschichte gegeben, schon gar nicht in den bürgerlichen Familien der Handwerker und Kaufleute mittelalterlicher und frühneuzeitlicher Städte.

Die aufkommenden Sozialwissenschaften, aber auch Biologie, Pädagogik und Psychologie trugen zu der Verfestigung der Geschlechterrollen bei. Der Mann steht für das Weite und Außerhäusliche, die Frau für Haus und Familie – ganz so, wie es Friedrich Schiller im „Lied von der Glocke" schilderte. Was hinzukam, war die wissenschaftliche Fixierung auf Geschlechterrollen mit einer jeweils spezifischen Sexualität, wobei vor allem die „unberechenbare Sinnlichkeit der Frau" ins Blickfeld rückte. Über sie sollte mit strenger Kontrolle gewacht werden – was in den beiden christlichen Konfessionen ohnehin geschah.

Die Geschlechtertrennung innerhalb der bürgerlichen Familie führte auch zu völlig neuen Mustern in der Raumaufteilung, zumal in den hochbürgerlichen Villen. Für sie war typisch, dass es repräsentative Empfangsräume „zur Darstellung

des vom Manne erworbenen Status und den geschützten und kontrollierten Raum
für die Frau zur Repräsentation und Pflege des Familienlebens" gab (Weresch
2005, S. 41; mit Grundrissen bürgerlicher Villen).

Kultur und Kunst der bürgerlichen Gesellschaft 8

8.1 Kunst wird autonom

Was von der bürgerlichen Gesellschaft – neben Architektur und Städtebau – bis in die Gegenwart nachwirkt, sind Schöpfungen ihrer Kultur und Kunst. Sie machen die „feinen Unterschiede" aus, sich von anderen Klassen zu unterscheiden (vgl. Bourdieu 1982). Zumal in Deutschland gingen Kunst und Kultur im bürgerlichen Zeitalter eine enge, geradezu symbiotische Beziehung ein, was sich nicht zuletzt im Mäzenatentum auf kommunaler Ebene zeigte und zeigt.

Das Ende der klerikal-feudalen Ständegesellschaft, die Säkularisierung und Individualisierung führten dazu, dass sich Kunst erstmals frei entfalten konnte. Das autonome bürgerliche Subjekt bestimmte nun selbst, was es an Objekten und Darstellungsweisen in den Rang der Kunst erheben wollte. In der Philosophie des deutschen Idealismus, zumal von Hegel und Schelling, wurde dieser Stellenwert von Kunst sehr früh gesehen und zu einer Forderung des autonomen bürgerlichen Subjekts. Der Kunsthistoriker Norbert Schneider (1996, S. 80) kommentierte Hegels Neubestimmung der Kunst als Notwendigkeit, „angesichts der gewaltigen Umwälzungen, die mit (und nach) der Französischen Revolution in Politik, Ökonomie und Kultur vonstatten gingen, ein Gedankengebäude zu errichten, das den neuen Verhältnissen Rechnung trug".

Die Künstler wollten Distanz gewinnen zum Kanon der Motive aus dem Alten und Neuen Testament, der seit fast 1500 Jahren dominierte, auch wenn in der Renaissance Themen aus der griechischen und römischen Mythologie hinzu kamen, und sie wollten in ihrer Mehrzahl zur Verwirklichung der Aufklärungs- und Revolutionsideale beitragen; sie rechneten sich zur *Avantgarde,* zur Vorhut der gesellschaftlichen Entwicklung. Dieser aus dem militärischen Bereich aus Frankreich übernommene Begriff wurde auch in Deutschland seit Mitte des

© Springer Fachmedien Wiesbaden GmbH 2017
B. Schäfers, *Die bürgerliche Gesellschaft,* essentials,
DOI 10.1007/978-3-658-17329-6_8

19. Jahrhunderts immer häufiger gebraucht. Dass sich viele Künstler als Bohème bewusst anti-bürgerlich verhielten, um die „Philister" bzw. Klein- und Spießbürger zu provozieren (*épater le bourgeois* war eine aus Frankreich übernommene Parole), gehört in diesen Kontext.

8.2   Der Roman der bürgerlichen Epoche

Der Roman als Kunstform kommt in der bürgerlichen Epoche zu ersten Höhepunkten. Honoré de Balzac (1799–1850) hat das Verdienst, das beginnende Zeitalter des Kapitalismus und der Industrie am Beispiel der Veränderungen der Stadt Paris, aber auch die der Provinz, durch typische Vertreter der bürgerlich-kapitalistischen Gesellschaft erstmals beschrieben zu haben. Sein umfangreiches Romanwerk erschien zum Teil als Fortsetzungen in Tageszeitungen, deren rasante Entwicklung seit der Erfindung der Schnellpresse in den 1820er Jahren ein wichtiges Element der bürgerlichen Gesellschaft und der Selbstvergewisserung ihrer Ideale wurde. Einige Titel seien hervorgehoben: Die Börse (1830); Vater Goriot (1834/1835); Die Kleinbürger (1837); Glanz und Elend der Kurtisanen (1839 ff.); Die Beamten (1837).

In Deutschland gibt es eine breite Palette des bürgerlichen Romans, worunter hier vor allem Werke gemeint sind, die typisch sind für die bürgerliche Klasse. Gustav Freytags (1816–1895) „Soll und Haben" (3 Bde., 1855) gehörte zu den „Klassikern", wie wenig später Theodor Fontane (1819–1898). Sein Romanwerk entstand spät; er lebte zu dieser Zeit in Berlin, der aufstrebenden Hauptstadt des Deutschen Reiches, war seiner Heimat, der Mark Brandenburg, aber weiterhin eng verbunden. In „Frau Jenny Treibel" kritisierte Fontane das Geistlose des zu Geld gekommenen Bürgertums. „Effi Briest", sein wohl bekanntestes Werk, handelt von der familiären Sittenstrenge und Borniertheit eines zielstrebigen Regierungsbeamten, der für seine sehr viel jüngere, lebensfrohe und empfindsame Frau kein Gespür hat. Die Verbindungen von Bürgertum, Adel und Militär, den tragenden Säulen des Wilhelminischen Reiches, werden in mehreren seiner Werke thematisiert.

Prototyp des bürgerlichen Romans und der Darstellung des bürgerlichen Zeitalters ist Thomas Manns „Buddenbrooks. Verfall einer Familie" (1901). Thomas Mann, 1875 in der Freien Hansestadt Lübeck als Sohn einer angesehenen Kaufmannsfamilie geboren, kannte, was er schilderte, aus eigener Anschauung. Der Roman gibt nicht nur einen Begriff vom bürgerlichen Leben über drei Generationen hinweg, sondern bringt in seinen Schlusskapiteln auch einiges von der damals viele Bürger beeinflussenden pessimistischen Welt- und Menschensicht der Philosophie Arthur Schopenhauers (1788–1860) zur Sprache. Der „Verfall einer Familie", ihre zunehmende *Décadence* – mit dem Ausdruck von Friedrich Nietzsche (1844–1900) – kommt darin zum Ausdruck, dass Sublimierung durch Kunst und Psychologisierung aller Ereignisse für den Kaufmannsstand unfähig machen. Hanno, der eigentlich als Erbe vorgesehen war, stirbt bereits mit 15 Jahren – ein „musikalischer Spätling des Bürgergeschlechts" (Thomas Mann).

8.3 Kulturpessimismus als Grundstimmung zum *Fin de Siècle*

Die Stimmung von Pessimismus und Skepsis gegenüber dem Fortschrittsglauben und zunehmende Zweifel an jenem Bürgertypus, wie ihn die wilhelminische Epoche hervorgebracht hatte, gehörten seit Ende des 19. Jahrhunderts zur Grundstimmung. Zahlreiche Lebensreformbewegungen hielten dagegen und mühten sich um den „neuen Menschen". Landkommunen (vgl. Linse 1983; Hepp 1987), die Jugendbewegung oder das kulturrevolutionäre Siedlungsprojekt Monte Verità oberhalb von Ascona, das viele Intellektuelle anzog (unter ihnen Max Weber), wollten herausführen „aus grauer Städte Mauern" und durch ein „Zurück zur Natur" den neuen Menschen schaffen. Im Nachlass der 1880er Jahre findet sich von Friedrich Nietzsche folgende Notiz:

„Der heuchlerische Anschein, mit dem alle bürgerlichen Ordnungen übertüncht sind, wie als ob sie Ausgeburten der Moralität wären – z. B. die Ehe, die Arbeit, der Beruf, das Vaterland, die Familie, die Ordnung, das Recht. Aber da sie insgesamt auf die mittelmäßigste Art Mensch hinbegründet sind, zum Schutz gegen Ausnahmen und Ausnahme-Bedürfnisse, so muss man es billig finden, wenn hier viel gelogen wird" (Nietzsche 1976, Bd. III, S. 603).

Bei dieser Ausgangslage verwundert es nicht, dass der Erste Weltkrieg, der das Ende der bürgerlichen Epoche im engeren Sinne brachte, von vielen Kulturschaffenden und Intellektuellen als ein notwendiges Fegefeuer zur Reinigung von „Dekadenz und Mammongesinnung" begrüßt wurde. Der in Berlin geborene Kultursoziologe Georg Simmel, seit 1914 in Straßburg lehrend, erklärte in einer Rede zu Beginn des Krieges: dieser würde hoffentlich das Zeitalter des „Mammonismus" beenden. Die Jahre nach 1871 seien geradezu zum „Symbol von volkswirtschaftlicher Ausschweifung, Unsolidität und übermütigem Materialismus" geworden (zit. bei Münkler 2013, S. 243 f.).

Der Protest gegen bürgerliches Sekuritätsdenken und Spießertum waren gegen eine materialistische bürgerliche Gesinnung gerichtet – eine „für breite Gruppen der Intellektuellen zum *fin de siècle* charakteristische Grundhaltung. Sie hängt eng zusammen mit dem um sich greifenden Wertrelativismus, der schon früh die Tendenz zu dezisionistischen Werthaltungen begründet" (Mommsen 1987, S. 290).

Zu dieser Spießer-Gesinnung, die ihre Beschränktheiten aus Deutschtümelei und nationalistischer Überheblichkeit bezog, gehörte seit dem letzten Drittel des 19. Jahrhundert verstärkt auch der Antisemitismus, zumal im akademischen Bereich. Jüdischen Studierenden war z. B. der Eintritt in Verbindungen, zumal die schlagenden, ebenso verwehrt wie bestimmte Karrieremuster (vgl., mit zahlreichen Belegen, das Kapitel: „Verblendete Bürger: Bürgertum und Antisemitismus", bei Budde 2009).

Architektur und Städtebau für die bürgerliche Gesellschaft

Bauwerke und der Städtebau für die expandierende bürgerliche Klasse, für ihre Wirtschafts- und Mobilitäts-, Kultur- und Konsumbedürfnisse, sind die sichtbarsten Zeugnisse der bürgerlichen Gesellschaft in der Gegenwart. Die Expansion stand vor der Schwierigkeit, die mittelalterlichen Festungsmauern und das enge Gassengewirr der Bebauung zu beseitigen. Nur so konnten markante öffentliche Plätze, innerstädtische Parks und Grünanlagen, Boulevards und repräsentative Wohnungen für das Bürgertum angelegt werden. Paris und Wien, Hamburg und Barcelona seien als Beispiele genannt.

War die erste Epoche der bürgerlichen Gesellschaft architektonisch durch den *Klassizismus* geprägt, der stilistische Anleihen im antiken Griechenland und Rom und der italienischen Renaissance machte (was in Berlin oder München gut zu sehen ist), so die nachfolgende durch den *Historismus*. Darunter ist jener Baustil seit den 1820er Jahren zu verstehen, der in Aufnahme von Stilelementen aus Mittelalter und Renaissance zur vorherrschenden Architektur der bürgerlichen Gesellschaft bis zum Ersten Weltkrieg wurde. Das zeigt sich nicht nur in den Repräsentationsbauten der Kommunen, z. B. den Rathäusern in Hamburg und Hannover, in München und Wien, sondern auch in typischen Villenvierteln des Bürgertums wie in Berlin oder Wiesbaden.

Zu den neuen Bauaufgaben gehörten neben Fabriken die Bahnhöfe in Stadt und Land, mit architektonischen Höhepunkten in Frankfurt und Hamburg, Dresden und Leipzig. Sie waren Fixpunkte der Stadt- und innerstädtischen Verkehrsplanungen. Prachtvolle Bauten, die bis heute Bürgerstolz signalisieren, entstanden: Opernhäuser, Konzertsäle und Museen, heute protzig zu nennende Banken und Börsen. Universitäten. Parlamente und Justizpaläste, Post- und Telegrafenämter gehörten zu den staatlichen bzw. halb-staatlichen Einrichtungen, die durch einen repräsentativen Baustil ihre Bedeutung unterstrichen.

© Springer Fachmedien Wiesbaden GmbH 2017
B. Schäfers, *Die bürgerliche Gesellschaft,* essentials,
DOI 10.1007/978-3-658-17329-6_9

Architektonische Neuschöpfungen waren auch Passagen und Kaufhäuser für die (Luxus-)Bedürfnisse des Bürgertums. Walter Benjamin (1892–1940) machte die Passagen zum Ausgangspunkt seiner Beobachtungen über die bürgerliche Welt und Paris als „Hauptstadt des 19. Jahrhunderts". Die Mehrzahl von ihnen entstand in den 1820er und -30er Jahren. „Die Zeitgenossen werden nicht müde, sie zu bewundern" (Benjamin 1982, Bd. I, S. 45 ff.).

Die Kaufhäuser, in denen sich alles unter einem Dach befindet, hat Emile Zola in seinem Roman, „Das Paradies der Damen" (frz. 1882), geschildert. Er beschreibt die Freiheiten bürgerlicher Frauen, sich allein mit der Kutsche zum Einkaufsbummel in die Innenstadt zu begeben und in den Kaufhäusern viele Stunden zu verweilen. Folgendes Zitat (dt. 2004, S. 135) vermittelt einen Eindruck:

„'Kommen Sie in die Seidenabteilung' […]. Einen Augenblick lang zögerte Frau Marty. Das würde sehr teuer sein; sie hatte ihrem Mann ausdrücklich versichert, dass sie vernünftig sein werde! Seit einer Stunde kaufte sie ein, ein ganzer Haufen Waren wurde ihr bereits nachgetragen, ein Muff und Rüschen für sie selbst, Strümpfe für ihre Tochter. Schließlich sagte sie zu dem Kommis, der ihr den Matelassé zeigte: „Ach nein, ich gehe in die Seidenabteilung. Dies sagt mir alles nicht zu'".

Mit allen baulichen Einrichtungen, die als typisch für die bürgerliche Gesellschaft anzusehen sind, waren neue Verhaltensweisen und Kleidermoden verbunden. Benjamin beschreibt z. B. den Flaneur als „Typus", den allererst die Passagen in Paris hervorgebracht haben (1982, Bd. I, S. 525).

Den Glanz der *Belle Époque* zeigen nicht nur die eleganten Kaffeehäuser, die in Wien und anderen Städten bis heute ein breites Publikum anziehen, sondern auch die in landschaftlich besonders reizvollen Plätzen errichteten *Grand Hotels,* die nun den Bedürfnissen zahlungskräftiger Touristen nachkommen. Das bürgerliche Leben in ihnen, zu dem spezifische Formen der Geselligkeit ebenso gehörten wie Sprachgewandtheit, weil sich in diesen *Grand Hotels* das Hochbürgertum aus ganz Europa traf, ist allerdings daraus verschwunden. In der Novelle „Der Tod in Venedig", die in der *Belle Époque* spielt, hat Thomas Mann dieses Leben und Treiben im *Grand Hotel* und am Strand des Lido geschildert.

Erstmalig in der Stadtgeschichte wurden die Innenstädte mit Bürgersteigen versehen, mit Gasbeleuchtung und seit dem letzten Drittel des 19. Jahrhunderts auch mit elektrischem Licht. Dies trug dazu bei, das Tempo in den Städten zu erhöhen. Die „Beschleunigung" ihrer Bewohner erhöhte sich weiter durch den Bau von U- und S-Bahnen und einem ergänzenden Bus- und Straßenbahnsystem. In dem Essay, „Die Großstädte und das Geistesleben" (1903), hat der Berliner Georg Simmel den gehetzten und „intellektualistischen Charakter" des neuen Großstadtmenschen und die mentalen und psychischen Veränderungen zur Sprache gebracht, die die neue städtische Umwelt hervorrufen: „Steigerung des Nervenlebens", aber auch eine gewisse „Blasiertheit" (Simmel), um der Reizüberflutung Herr zu werden (Simmel 1998, S. 119 ff.).

Der Historismus als Baustil reichte zeitlich zwar bis zum Ersten Weltkrieg, aber etwa 30 Jahre zuvor kam ein neuer Stil auf, der sich als *Jugendstil* in vielen Ländern Europas – als *Art Nouveau* in Frankreich, als *Sezessions-Stil* in Wien, als *Modernismo in Spanien* – schnell verbreitete und mit seinen Hervorbringungen eine besondere, auch ästhetisch glanzvolle Rolle spielte. Zu erinnern ist an Victor Horta und seine Prunkvillen in Brüssel (hinter denen nicht zuletzt die Reichtümer des ausgebeuteten Kongo standen), an Antoni Gaudí in Barcelona und den Belgier Henry van de Velde, der in Weimar die Einrichtung schuf, aus der 1919 das von Walter Gropius gegründete Bauhaus hervorging.

Bis heute erfreuen typische Erzeugnisse des Jugendstils, so die von René Lalique oder dem New Yorker Louis C. Tiffany, zahlreiche Bewunderer und sind Zeugnisse für die Fortexistenz bürgerlicher ästhetischer Standards. Das bekannteste Ensemble des Jugendstils in Deutschland, die Mathildenhöhe in Darmstadt, zeigt mit ihrer Formstrenge aber bereits den Übergang in die nüchternen Stile des Werkbundes und des Bauhauses.

Noch vor Ausbruch des Ersten Weltkrieges meldete sich eine neue *Avantgarde*, die die Moderne auf allen Gebieten der Kunst beflügelte. Stichwortartig seien genannt: der Expressionismus, die Künstler-Vereinigungen „Brücke" und „Blauer Reiter", der Werkbund und in Wien der Schönberg-Kreis, der die „Zweite Wiener Klassik" hervorbrachte (zu diesen Bewegungen um die Jahrhundertwende vgl. Hepp 1987; Nipperdey 1998).

Der Erste Weltkrieg und die sozialen und politischen Umbrüche als dessen Folge drängten das Bürgertum an den Rand der Gesellschaft. Die 1919 ausgerufene Republik und ein deutliches Erstarken von Sozialdemokratie und Gewerkschaften waren nun mitbestimmend für den Zeitgeist. Ein Leben in den bürgerlichen Villen wie in der *Belle Époque* konnte es so nicht mehr geben. Das Dienstpersonal in der Weimarer Republik, sofern man es sich nach der Inflation von 1923 überhaupt noch leisten konnte, hatte eine andere Einstellung den „Herrschaften" gegenüber.

Freiheit und Gleichheit in der Weimarer Republik. Bürgertum und Nationalsozialismus

10

10.1 Demokratie und Verfassung

Zu den wichtigsten Voraussetzungen der bürgerlichen Gesellschaft, die allererst Freiheit und Gleichheit verbürgen, zählen ihre verfassungsrechtlichen und rechtlichen Grundlagen. In Verfassungen werden auch Staaten und ihre Gesetzgebung an unumstößliche Grundsätze gebunden. Das zeigten die ersten Verfassungen in den Vereinigten Staaten und während der Französischen Revolution. Die *Bill of Rights* vom September 1789 umfasst die ersten zehn Zusatzartikel *(amendments)* zur amerikanischen Verfassung. Diese sichern den Bürgern im Rahmen einer freien und demokratischen Gesellschaft unveräußerliche Grundrechte.

Das bürgerliche Recht im 19. Jahrhundert war zwar durchgehend von Prinzipien der Gleichheit aller vor dem Gesetz bestimmt, es gab aber „Enklaven ungleichen Rechts" (Grimm 1987, S. 170). Die liberale Grundordnung bezog sich vor allem auf das Wirtschaftsleben und die Eigentumsordnung.

Mit der Weimarer Reichsverfassung (WRV) vom 11. August 1919 wurde das Verfassungsrecht der bis 1918 herrschenden konstitutionellen Monarchien beseitigt. Das erwähnte Dreiklassen-Wahlrecht in Preußen wurde abgeschafft und das verwirklicht, was durch den Obrigkeitsstaat verhindert worden war, sich aber im „Schoße der bürgerlichen Gesellschaft" und ihrer Produktionsverhältnisse längst vorbereitet hatte (Marx 2008, S. 491). Erstmals erhielten auch Frauen das Wahlrecht (zur WRV im Zusammenhang der deutschen Gesellschaftsgeschichte vgl. Wehler 2008, Bd. IV).

© Springer Fachmedien Wiesbaden GmbH 2017
B. Schäfers, *Die bürgerliche Gesellschaft, essentials*,
DOI 10.1007/978-3-658-17329-6_10

10.2   Bürgertum und Nationalsozialismus

Dass „das lange 19. Jahrhundert" bis zum Ende des Ersten Weltkriegs dauerte, ist historisch unstrittig. Ebenso unstrittig ist, dass das bürgerliche Zeitalter nicht nur durch die „Urkatastrophe" des Ersten Weltkriegs sein Ende fand, sondern durch viele weitere Faktoren mit verursacht wurde. In einem Beitrag über die „Auflösung des Bürgertums seit dem späten 19. Jahrhundert" nennt Hans Mommsen (1987) folgende Gründe:

- Die gegenüber allen anderen Klassen, vor allem gegenüber der Arbeiterschaft, behauptete Sonderstellung und Einheitlichkeit des Bürgertums trat an der Wende zum 20. Jahrhundert zurück.
- Aus den eigenen Reihen, zumal denen der Reformbewegungen, wurde Protest gegen das „Spießertum" der Bürger immer lauter und sehnte man sich nach einer anderen Lebensform. „Wahrhaftiger" wollte man sein, wie die Freideutsche Jugend im Oktober 1913 auf dem Hohen Meißner bei Kassel in ihrem Manifest artikulierte.
- Das Brüchige des bisher akzeptierten Wertekanons ließ „die soziale Formation Bürgertum nicht nur als Klasse, sondern auch als Träger einer spezifischen Kultur" zurücktreten (Mommsen 1987, S. 289).

Als eine Folge dieser Entwicklung traten „Bünde" neben die typisch bürgerliche Organisationsform des Vereins. Herman Schmalenbach (1922) sah in ihnen, neben Gemeinschaft und Gesellschaft (Tönnies), eine dritte Kategorie sozialer Grundgebilde. Gemeinschaften und Bünde prägten das neue Lebensgefühl, zu denen ja nicht nur die „bündische Jugend" zählte (vgl. zur Differenzierung und Bedeutung der Bünde für die Mentalitätsgeschichte des Nationalsozialismus Mommsen 1987). In den Gemeinschaften und Bünden sollten die alten Klassengegensätze keine Rolle mehr spielen. Gesinnung und Parteinahme traten in den Vordergrund.

Die Weimarer Republik war in ihrer demokratisch-republikanischen Ausrichtung zu schwach, um die Angriffe von rechts – neben den Bünden: Wehrvereinigungen, die aufkommende NSDAP – und links (KPD, Begeisterung für das bolschewistische Regime in der Sowjetunion) abwehren zu können (über die geistigen und politischen Kämpfe in der Weimarer Republik vgl. Bracher et al. 1987). Der Untertitel von Helmuth Plessners *Die verspätete Nation:* „Über die politische Verführbarkeit des bürgerlichen Geistes", dient als Leitfaden für die Frage: Wie konnte es sein, dass z. B. ein hochbegabter Architekt aus großbürgerlichem

Haus, Albert Speer, von Hitler fasziniert war und zu einem der wichtigsten Handlanger und Organisatoren des nationalsozialistischen Terrors wurde? In seiner Speer-Biografie hat Joachim Fest versucht, dieses Rätsel zu lösen. Letztlich war es, so Fest, wie für viele andere ein „Erweckungserlebnis", das als Erklärung herhalten muss. Es war im Dezember 1930, als der 25 jährige Albert Speer, Student der TU Charlottenburg, eine Massenveranstaltung besuchte, die sein Leben veränderte. Hitler trat vor Tausende versammelter Studenten und Professoren, „im dunkelblauen Anzug, sichtlich auf bürgerliche Korrektheit bedacht, an das Rednerpult" (Fest 1999, S. 43) und riss das überwiegend bürgerliche und akademische Publikum zu Begeisterungsstürmen hin.

Die Inflation des Jahres 1923 und der damit verbundene Vermögensverlust bei großen Teilen des Besitzbürgertums sowie die wirtschaftliche Depression seit 1929 trugen dazu bei, dass viele Angehörige des verunsicherten bürgerlichen Mittelstands, der sich von der in Parteienhass zersplitterten Weimarer Republik keine Lösung seiner Probleme versprach, zu Anhängern Hitlers wurden. Und nachdem Hitler in einer Rede im Januar 1932 im Düsseldorfer Parkhotel vor dem einflussreichen Industrie-Club zu verstehen gegeben hatte, dass seine Partei die kapitalistische Wirtschaftsordnung nicht sozialistisch umstülpen würde – was bei dem Namen der Partei, NSDAP, und ihren anti-bürgerlichen Tendenzen zu erwarten war –, kamen einflussreiche Großindustrielle zu der Meinung, Hitler könne dem Kommunismus bzw. dem sowjetischen Bolschewismus erfolgreich entgegentreten.

Freiheits- und Menschenrechte im Grundgesetz. Von der bürgerlichen Gesellschaft zur Bürgergesellschaft

11.1 Grundgesetz und bürgerliches Recht

Das Grundgesetz für die Bundesrepublik Deutschland, das am 23. Mai 1949 von den parlamentarischen Vertretern der Länder der drei Westzonen angenommen wurde, berief sich auf die freiheitlichen Traditionen von Reformation und Humanismus, Aufklärung und die Ideale der Französischen Revolution. Davon legen die Protokolle der Beratungen des Parlamentarischen Rates Zeugnis ab. Als letzte Sperre gegen staatliches Willkürhandeln wurde ein Widerstandsrecht eingeführt. Art. 20 GG Abs. 4 lautet: „Gegen jeden, der es unternimmt, diese Ordnung [die des freiheitlichen Rechtsstaates] zu beseitigen, haben alle Deutschen das Recht zum Widerstand, wenn andere Abhilfe nicht möglich ist".

Einiges blieb Programm, wie z. B. die Absicht, das Eigentum stärker sozialpflichtig zu machen (Art. 14 Abs. 2 und Art. 15 GG). Diese Bestimmungen, die nicht zuletzt auf die intensiven Diskussionen um eine sozialistische Gesellschaftsordnung nach der totalen Kapitulation am 8. Mai 1945 zurückgehen, konnten z. B. beim Bodenrecht und dem Städtebau keine nachhaltige Wirkung entfalten. Das Besitzbürgertum und starke liberale Kräfte behaupteten sich.

Auch das Bürgerliche Gesetzbuch (BGB), das im Jahr 1900 in Kraft trat und das Recht der deutschen Teilstaaten vereinheitliche, sichert Grundlagen der bürgerlichen Gesellschaft. Im Zentrum der fünf Bücher des BGB stehen das Vertragsrecht, die Eigentumsordnung, die bürgerliche Familie und das Erbrecht. Im Verlauf seiner gut einhundertjährigen Geschichte gab es zahlreiche Änderungen, nicht zuletzt während der Zeit des Nationalsozialismus. Von den Änderungen nach 1949 sei nur jene hervorgehoben, die den Wandel der Stellung der Frau in der Familie und in der Öffentlichkeit betrifft. Erst die im Dezember 1975 verabschiedete

© Springer Fachmedien Wiesbaden GmbH 2017
B. Schäfers, *Die bürgerliche Gesellschaft*, essentials,
DOI 10.1007/978-3-658-17329-6_11

Reform des Ehe-, Familien und Scheidungsrechts erlaubte der Frau, eine außerhäusliche Tätigkeit auch ohne Einwilligung des Ehemannes aufzunehmen.

Appellationsinstanz für die Freiheits- und Menschenrechte eines jeden Bürgers ist der Katalog der Grundrechte. Er umfasst die ersten 19 Artikel des Grundgesetzes. Ausgangspunkt ist Art.1 Abs. 1: „Die Würde des Menschen ist unantastbar. Sie zu achten und zu schützen ist Verpflichtung aller staatlichen Gewalt". Einige dieser Artikel finden sich bereits in den genannten *Bill of Rights* und in den Verfassungen der Französischen Revolution. Hüter der Grundrechte sind das Bundesverfassungsgericht in Karlsruhe und die Verfassungsgerichte der Länder. Ergänzt werden diese Instanzen durch den Europäischen Gerichtshof für Menschenrechte in Straßburg. Diese Gerichte werden oft angerufen. Es zeugt von einem wachen Bewusstsein der Bürgerinnen und Bürger im Hinblick auf ihre Grundrechte.

Was zunehmend verloren geht ist das Bewusstsein dafür, dass unter Demokratie nach den Vorstellungen der Aufklärung nicht nur eine Abstimmungsmaschinerie zu verstehen ist, in der das Prinzip gilt: „Mehrheit ist Mehrheit", sondern Abstimmungen auf der Basis eines vernunftorientierten Dialogs, des Diskurses mündiger Bürger, erfolgen. Wahlkämpfe und „Abstimmungsschlachten" in vielen europäischen Parlamenten entfernen sich immer weiter von diesen Grundlagen. Der Vorwahlkampf in den USA des Jahres 2016 und die Wahl eines Präsidenten, der Prinzipien der Demokratie und der Menschenrechte mit Füßen trat, ist ein absoluter Tiefpunkt und fügt den Idealen der Aufklärung und des Vernunftdenkens unermesslichen Schaden zu.

11.2 Von der bürgerlichen Gesellschaft zur Bürgergesellschaft

Seit Beginn der Doppelrevolution befanden sich alle Gesellschaften, die in ihren Sog gerieten, in einem beschleunigten sozialen Wandel. Dass man in einer Zeit der Beschleunigung lebte, war schon den Zeitgenossen seit Beginn der industriellen und politischen Revolution bewusst, ebenso, dass Kritik nunmehr zu den vorwärts treibenden Elementen gehört und ständig neue Krisen erzeugt (vgl. Kosellecks „Studien zur Pathogenese der bürgerlichen Welt", 1973).

Die Beschleunigung der Veränderung der Lebenswelt hat sich nochmals verstärkt und ist global geworden. Durch die digitale Revolution seit den 1970er Jahren ist eine neue Stufe der Doppelrevolution erreicht, auch im Hinblick auf die von der bürgerlichen Gesellschaft eingeführten Grundlagen der Demokratie.

Waren zu Beginn der Bundesrepublik Ende der 1940er Jahre noch 24 % aller Erwerbstätigen in der Landwirtschaft tätig, so sind es gegenwärtig unter drei Prozent. Die Zahl der im Dienstleistungssektor Beschäftigten beträgt über zwei Drittel. Die damit verbundenen Strukturumbrüche im Produktions- und Arbeitsbereich führten zu neuen Gesellschaftsbegriffen. Armin Pongs (1999/2000) hat sie in zwei Bänden unter dem Titel: „In welcher Gesellschaft leben wir eigentlich?" vorgestellt. Unter den 24 identifizierten Bezeichnungen sucht man die Begriffe bürgerliche oder spätbürgerliche Gesellschaft vergeblich. Abgehandelt werden u. a. die postmoderne Gesellschaft (Ronald Inglehart), die postindustrielle Gesellschaft (Daniel Bell), die Erlebnisgesellschaft (Gerhard Schulze) und die Risikogesellschaft (Ulrich Beck). Am nächsten kommt dem, was über die bürgerliche Gesellschaft und das Bürgertum ausgeführt wurde, der Begriff *Bürgergesellschaft* von Ralf Dahrendorf (1929–2009). Folgende Merkmale werden von Pongs (1999, S. 91 f.) hervorgehoben:

- Die Freiheit ruht auf den Säulen der politischen Demokratie, der freien Marktwirtschaft und der institutionellen Verankerung der Bürgergesellschaft.
- Die Bürgergesellschaft setzt eine Vielfalt nicht-staatlicher Organisationen und Institutionen voraus, bei prinzipieller Freiwilligkeit der Bürgerinnen und Bürger und ihrer Eigeninitiative.
- Die Bürgergesellschaft entsteht aus dem Bedürfnis, sich zu artikulieren und in Entscheidungsprozesse einzubringen, um einzelne gesellschaftliche Bereiche, die für alle Bürgerinnen und Bürger Bedeutung haben, mitzugestalten.

Mit diesen Merkmalen der Bürgergesellschaft betont Dahrendorf auch die Differenz von Staat und Gesellschaft als konstitutives Merkmal der bürgerlichen Rechtsgesellschaft. Die Möglichkeiten des Engagements sind sehr vielfältig, neben spontanen gibt es institutionalisierte, zu denen auf kommunaler und auf Landesebene auch Bürgerbegehren gehören.

Bürgertum und Bürgerlichkeit in der Gegenwart

Als Abbé Sieyès wenige Monate vor Ausbruch der Französischen Revolution in seinem zitierten Pamphlet forderte, dass der Dritte Stand endlich etwas zu gelten habe in der politischen Ordnung, konnte er nicht ahnen, wie schnell sich seine Forderungen erfüllten. Das Bürgertum wurde zum Träger der freiheitlichen Ideen und liberalen Forderungen in Wirtschaft und Gesellschaft. Die hierbei vorausgesetzte Differenz von Gesellschaft und Staat war jedoch nie voll verwirklicht. Von Anfang an gab es die Tendenz zur „Vergesellschaftung des Staates", z. B. durch Einflussnahme der Verbände auf das Staatshandeln, und der „Verstaatlichung der Gesellschaft", nicht zuletzt durch eine umfängliche Betätigung des Staates im Wirtschaftssektor (Habermas 1969, S. 168).

Auf kommunaler Ebene sieht vieles anders aus und ist die Differenz viel deutlicher wahrnehmbar. Das hat eine lange und bewährte Tradition. Wie erwähnt, war es Freiherr vom und zum Stein, der nach der Niederlage Preußens in den napoleonischen Kriegen die bürgerliche Selbstverwaltung in den Städten zu neuem Leben erweckte und damit einen Beitrag zum Wiederaufstieg Preußens und zur Entfaltung des selbstbewussten Bürgertums leistete.

Ähnlich verhielt es sich nach dem Zweiten Weltkrieg: Das politische Leben in den drei Westzonen ging zunächst von den Kommunen aus. Nach der Wiedervereinigung im Jahr 1990 war es nicht anders: Die Wiederherstellung der kommunalen Selbstverwaltung in den Städten und Gemeinden der neuen Bundesländer setzte nicht nur individuelle Gestaltungskräfte frei, sondern konnte vielerorts auch an erhaltene bürgerliche Traditionen anknüpfen. Deutlich wird das z. B. in Leipzig, der seit dem Mittelalter bedeutenden Messe-, Verlags- und Universitätsstadt.

Dass der Sozialismus das Bürgertum weder in bestimmten Umgangsformen noch in kulturellen Zeugnissen völlig auslöschen konnte – was auch in der Architektur

© Springer Fachmedien Wiesbaden GmbH 2017
B. Schäfers, *Die bürgerliche Gesellschaft*, essentials,
DOI 10.1007/978-3-658-17329-6_12

und im Städtebau erklärtes Ziel war –, wird in der Literatur, z. B. in Uwe Tellkamps Roman, *Der Turm*, eindrucksvoll belegt (vgl. hierzu auch Rehberg 2010, S. 64 f., „Refugiumsbürgertum in der DDR"). Im Dresdner Villenviertel *Weißer Hirsch* und auf Weingütern an der Elbe existierte das Bürgertum weiter, sogar mit Hausmusik und anderen Elementen bürgerlicher Kultur, wozu auch all die „feinen Unterschiede" gehörten, die Bourdieu (1982) in den 1970er Jahren in der sehr bürgerlich gebliebenen französischen Gesellschaft ausmachen konnte (zu „Bürgerlichkeit ohne Bürgertum" vgl. Bude et al. 2010).

Mit dem Historiker Jürgen Kocka kann für Deutschland und andere europäische Länder ein „Nachleben" dieser gesellschaftlichen Formation, von denen die Persistenz bürgerlicher Familienmuster bereits hervorgehoben wurde, konstatiert werden:

> Man kann die vergangenen 50 bis 60 Jahre deutscher Geschichte – zunächst nur im Westen, seit 1990 im ganzen Land – als eine Geschichte schrittweise voranschreitender Verbürgerlichung verstehen: Schrittweise wurde die deutsche Wirklichkeit so verändert, dass sie dem Modell einer bürgerlichen Gesellschaft – heute spricht man lieber von Bürger- oder Zivilgesellschaft – allmählich näher kam und stärker entsprach, mehr als jemals zuvor in der deutschen Geschichte (zit. bei Budde 2009, S. 136).

Deutlicher sind Spuren des Bürgertums und der bürgerlichen Lebensweise in den Schweizer Stadtrepubliken, den heutigen Kantonen, z. B. Basel und Zürich, Bern und Genf, erhalten, architektonisch und städtebaulich. Damit soll abschließend auf Gemeinsamkeiten eines gesamteuropäischen Erbes von Bürgertum und bürgerlicher Gesellschaft hingewiesen werden, die länder- und regionalspezifisch sehr unterschiedlich zur Anschauung und Wirkung kommen. Hierzu gehört auch die Berufung auf den mündigen Bürger und seine Mitwirkungsrechte auch jenseits der gewählten politischen Gremien.

Wie präsent bürgerliche Kulturschöpfungen sind, beweisen die Programmzettel führender Opernhäuser in aller Welt, ob im Teatro Colón in Buenos Aires, der Mailänder Scala, der „Met" in New York oder in der Wiener Staatsoper: von Mozart über Verdi und Wagner bis zu Richard Strauss sind es Werke des bürgerlichen Zeitalters, die ein breites bürgerliches Publikum begeistern. Bereits Mozart (1756–1791) gehörte zu den kritischen bürgerlichen Subjekten, die Mut vor Königsthronen bewiesen, sonst wäre seine Oper, Figaros Hochzeit, 1786 nicht uraufgeführt worden. Die Begeisterung des Publikums galt auch der Kritik am Adel. Lorenzo da Ponte hatte das Libretto nach einem zuvor in Paris begeistert beklatschten Theaterstück von Beaumarchais verfasst: *La folle journée, ou Le mariage de Figaro*. Nach dem großen Erfolg ließ Kaiser Joseph II. Mozarts Oper absetzen, vielleicht ahnend, dass später das Stück von Beaumarchais ein „Sturm-vogel der Revolution" genannt wurde.

Wenn im Vorwort gesagt wurde, dass mit dem Entschwinden der histori-schen und soziologischen Kategorie „bürgerliche Gesellschaft" nicht auch das Entschwinden bestimmter Inhalte verbunden ist, dann wird dem von den Auto-ren des Bandes „Bürgerlichkeit ohne Bürgertum" (Bude et al. 2010) zugestimmt. So sagt Joachim Fischer (2010, S. 218) von Niklas Luhmann, er vermeide zwar den Begriff „bürgerliche Gesellschaft", aber seine Theorie über die funktional ausdifferenzierten Handlungssysteme – der Wirtschaft, des Rechts, der Religion, der Erziehung etc. könne auch als soziologische Theorie der bürgerlichen Gesell-schaft gelesen werden.

Was Sie aus diesem *essential* mitnehmen können

- Die Einsicht, dass viele Errungenschaften und Besonderheiten der bürgerlichen Gesellschaft auch in der Gegenwart wirksam und präsent sind.
- Ein Gespür für langfristig wirksame historische Ereignisse, wie hier die Ende des 18. Jahrhunderts einsetzende Doppelrevolution.
- Ein Verständnis für die Differenziertheit und Wandlungsfähigkeit der bürgerlichen Gesellschaftsformation.

© Springer Fachmedien Wiesbaden GmbH 2017
B. Schäfers, *Die bürgerliche Gesellschaft,* essentials,
DOI 10.1007/978-3-658-17329-6

Literatur

Bauer, Franz J. 2010. *Das "lange" 19. Jahrhundert (1789–1917). Profil einer Epoche.* Stuttgart: Reclam.

Benjamin, Walter. 1982. Das Passagen-Werk. In *2 Bde*, Hrsg. Rolf Tiedemann. Frankfurt a. M.: Suhrkamp.

Bourdieu, Pierre. 1982. *Die feinen Unterschiede. Kritik der gesellschaftlichen Urteilskraft.* Frankfurt a. M.: Suhrkamp (Orig. frz. 1979).

Bracher, Karl-Dietrich, Manfred Funke, und Hans-Adolf Jacobsen, Hrsg. 1987. *Die Weimarer Republik 1918–1933. Politik – Wirtschaft – Gesellschaft.* Schriftenreihe der Bundeszentrale für politische Bildung, Bd. 251. Bonn: Bundeszentrale für politische Bildung.

Budde, Gunilla. 2009. *Blütezeit des Bürgertums. Bürgerlichkeit im 19. Jahrhundert.* Darmstadt: Wissenschaftliche Buchgesellschaft.

Bude, Heinz, Joachim Fischer, und Bernd Kauffmann, Hrsg. 2010. *Bürgerlichkeit ohne Bürgertum. In welchem Land leben wir?* München: Wilhelm Fink.

Dann, Otto. 1975. Art. „Gleichheit". In *Geschichtliche Grundbegriffe. Historisches Lexikon zur politisch-sozialen Sprache in Deutschland*, Hrsg. Otto Brunner, Werner Conze, und Reinhart Koselleck, Bd. 2. Stuttgart: Ernst Klett.

Elias, Norbert. 1997. *Über den Prozess der Zivilisation. Soziogenetische und psychogenetische Untersuchungen, 2 Bde.* Frankfurt a. M.: Suhrkamp (Erstveröffentlichung 1939).

Fest, Joachim. 1999. *Speer. Eine Biografie.* Berlin: Alexander Fest.

Fischer, Joachim. 2010. Bürgerliche Gesellschaft. Zur analytischen Kraft der Gesellschaftstheorie. In *Bürgerlichkeit ohne Bürgertum. In welchem Land leben wir?*, Hrsg. Bude et al., 203–207. München: Fink.

Gall, Lothar. 1989. *Bürgertum in Deutschland.* Berlin: Siedler bei Goldmann.

Glaser, Hermann. 1993. *Bildungsbürgertum und Nationalismus. Politik und Kultur im Wilhelminischen Deutschland.* München: dtv.

Grimm, Dieter. 1987. Bürgerlichkeit im Recht. In *Bürger und Bürgerlichkeit im 19. Jahrhundert*, Hrsg. Jürgen Kocka, 149–188. Göttingen: Vandenhoeck & Ruprecht.

Habermas, Jürgen. 1969. *Strukturwandel der Öffentlichkeit. Untersuchungen zu einer Kategorie der bürgerlichen Gesellschaft*, 4. Aufl. Neuwied: Luchterhand (Erstveröffentlichung 1962).

Hegel, Georg Wilhelm Friedrich. 1955. *Grundlinien der Philosophie des Rechts*, 4. Aufl. Hamburg: Felix Meiner.

© Springer Fachmedien Wiesbaden GmbH 2017
B. Schäfers, *Die bürgerliche Gesellschaft, essentials*,
DOI 10.1007/978-3-658-17329-6

Henning, Friedrich-Wilhelm. 1973. *Die Industrialisierung in Deutschland 1800 bis 1914.* Paderborn: Schöningh (UTB Bd. 145).

Hepp, Carola. 1987. *Avantgarde. Moderne Kunst, Kulturkritik und Reformbewegungen nach der Jahrhundertwende.* München: dtv.

Hobsbawm, Eric. 1962. *Europäische Revolutionen.* Zürich: Kindler (Orig. engl. 1962).

Hobsbawm, Eric. 1980. *Die Blütezeit des Kapitals. Eine Kulturgeschichte der Jahre 1848–1875.* Frankfurt a. M.: Fischer (Orig. engl. 1975).

Institut für Sozialforschung. Hrsg. 1956. *Soziologische Exkurse.* Frankfurt a. M.: Europäische Verlagsanstalt (darin: Art. „Familie").

Kant, Immanuel. 1968. Idee zu einer allgemeinen Geschichte in weltbürgerlicher Absicht. In *Werke in zehn Bänden,* Hrsg. Wilhelm Weischedel, Bd. 9. Darmstadt: Wissenschaftliche Buchgesellschaft.

Kocka, Jürgen, Hrsg. 1987. *Bürger und Bürgerlichkeit im 19. Jahrhundert.* Göttingen: Vandenhoeck & Ruprecht.

Koselleck, Reinhart. 1973. *Kritik und Krise. Eine Studie zur Pathogenese der bürgerlichen Welt.* Frankfurt a. M.: Suhrkamp.

Kunze, Rolf-Ulrich. 2005. *Nation und Nationalismus.* Darmstadt: Wissenschaftliche Buchgesellschaft.

Lenger, Friedrich. 2003. *Industrielle Revolution und Nationalstaatsgründung. Handbuch der deutschen Geschichte,* Bd. 15. Stuttgart: Klett-Cotta.

Lepsius, M. Rainer. 1987. Zur Soziologie des Bürgertums und der Bürgerlichkeit. In *Bürger und Bürgerlichkeit im 19. Jahrhundert,* Hrsg. Jürgen Kocka, 79–100. Göttingen: Vandenhoeck & Ruprecht.

Linse, Ulrich, Hrsg. 1983. *Zurück o Mensch zur Mutter Erde. Landkommunen in Deutschland 1890–1933.* München: dtv.

Macpherson, C. B. 1967. *Die politische Theorie des Besitzindividualismus. Von Hobbes bis Locke.* Frankfurt a. M.: Suhrkamp (Orig. amerik. 1962).

Marx, Karl. 2008. Kapital und Politik (hrsg. und mit einem Vorwort von Hans-Peter Harstick). Frankfurt a. M.: Zweitausendeins.

Mommsen, Hans. 1987. Die Auflösung des Bürgertums seit dem späten 19. Jahrhundert. In *Bürger und Bürgerlichkeit im 19. Jahrhundert,* Hrsg. Jürgen Kocka, 288–315. Göttingen: Vandenhoeck & Ruprecht.

Münkler, Herfried. 2013. *Der Große Krieg. Die Welt 1914–1918.* Berlin: Rowohlt.

Nietzsche, Friedrich. 1976. *Werke in 3 Bänden* (hrsg. von Karl Schlechta), 3. Aufl. München: Karl Hanser.

Nipperdey, Thomas. 1998. *Wie das Bürgertum die Moderne fand.* Stuttgart: Reclam (Bd. 17014).

Pankoke, Eckart. 1970. *Sociale Bewegung – Sociale Frage – Sociale Politik. Grundfragen der deutschen „Socialwissenschaft" im 19. Jahrhundert.* Stuttgart: Ernst Klett.

Peuckert, Rüdiger. 2012. *Familienformen im sozialen Wandel,* 8. Aufl. Wiesbaden: Springer VS.

Plessner, Helmuth. 1974. *Die verspätete Nation. Über die politische Verführbarkeit des bürgerlichen Geistes.* Suhrkamp: Frankfurt a. M.

Pongs, Armin. 1999/2000. *In welcher Gesellschaft leben wir eigentlich?,* Bd. I und II. München: Dilemma.

Rehberg, Karl Siegbert. 2010. „Neue Bürgerlichkeit" zwischen Kanonensehnsucht und Unterschichten-Abwehr. In *Bürgerlichkeit ohne Bürgertum. In welchem Land leben wir?*, Hrsg. Heinz Bude et al., 56–70. München: Wilhelm Fink.

Riedel, Manfred. 1971. Bürger, bourgeois, citoyen. In *Historisches Wörterbuch der Philosophie*, Bd. 1, Hrsg. J. Ritter. Basel: Schwabe & Co.

Riehl, Wilhelm Heinrich. 1861. *Die bürgerliche Gesellschaft*. Stuttgart: Cotta (Erstveröffentlichung 1851; darin: Der vierte Stand, S. 342–486).

Ritter, Joachim. 1965. *Hegel und die französische Revolution*. Frankfurt a. M.: Suhrkamp.

Rosenbaum, Heidi. 1982. *Formen der Familie. Untersuchungen zum Zusammenhang von Familienverhältnissen, Sozialstruktur und sozialem Wandel in der deutschen Gesellschaft des 19. Jahrhunderts*. Frankfurt a. M.: Suhrkamp.

Rousseau, Jean-Jacques. 2001. *Vom Gesellschaftsvertrag oder Grundsätze des Staatsrechts*. Stuttgart: Reclam (Nr. 1769, Orig. frz. 1762).

Rousseau, Jean-Jacques. 2010. *Abhandlung über den Ursprung und die Grundlagen der Ungleichheit unter den Menschen*. Stuttgart: Reclam (Nr. 1770, Orig. frz. 1755).

Schäfers, Bernhard. 2016. *Sozialgeschichte der Soziologie. Die Entwicklung der soziologischen Theorie seit der Doppelrevolution*. Springer VS: Wiesbaden.

Schmalenbach, Herman. 1922. Die soziologische Kategorie des Bundes, In Die Dioskuren, Bd. I. München: Meyer & Jessen.

Schneider, Felicitas. 2005. *Die mittelalterliche Stadt*. Darmstadt: Wissenschaftliche Buchgesellschaft.

Schneider, Norbert. 1996. *Geschichte der Ästhetik von der Aufklärung bis zur Postmoderne. Eine paradigmatische Einführung*. Stuttgart: Reclam (Bd. 9457).

Sieyès, Emmanuel Joseph. 2010. *Was ist der Dritte Stand? Ausgewählte Texte* (hrsg. von Oliver W. Lembcke und Florian Weber, Schriften zur europäischen Ideengeschichte), Bd. 3. Berlin: De Gruyter.

Georg Simmel, 1998. Die Großstädte und das Geistesleben. In *Soziologische Ästhetik* (hrsg. und eingeleitet von Klaus Lichtblau). Darmstadt: Wissenschaftliche Buchgesellschaft.

Sombart, Werner. 1998. *Der Bourgeois. Zur Geistesgeschichte des modernen Wirtschaftsmenschen*. Reinbek bei Hamburg: Rowohlt (Erstveröffentlichung 1913).

Smith, Adam. 1974. *Der Wohlstand der Nationen. Eine Untersuchung seiner Natur und seiner Ursachen; neu aus dem Englischen übertragen und mit einer Würdigung des Werkes von Horst Claus Recktenwald*. München: Beck (Orig. engl. 1776).

Stadelmann, Rudolf. 1973. *Soziale und politische Geschichte der Revolution von 1848*. München: König.

Tönnies, Ferdinand. 1963. Gemeinschaft und Gesellschaft. Grundbegriffe der reinen Soziologie, reprogr. Nachdruck der 8. Aufl. von 1935. Darmstadt: Wissenschaftliche Buchgesellschaft (Erstveröffentlichung 1887).

Tocqueville, Alexis de. 1959. *Über die Demokratie in Amerika, 2 Bde.* Stuttgart: Deutsche Verlags-Anstalt (Orig. frz. 1835, 1840).

Weber, Max. 1999. *Die Stadt. Teilband 5 von: Wirtschaft und Gesellschaft*. Tübingen: J.C.B. Mohr (Paul Siebeck).

Weber, Max. 2002. Die protestantische Ethik und der „Geist" des Kapitalismus. In *Schriften 1894–1922, ausgewählt*, Hrsg. Dirk Kaesler. Stuttgart: Kröner.

Wehler, Hans-Ulrich, 2008. *Deutsche Gesellschaftsgeschichte, 5 Bde. (1700–1990)*. Studienausgabe. München: Beck.

Weresch, Katharina. 2005. *Wohnungsbau im Wandel der Wohnzivilisierung und Genderverhältnisse*. Hamburg: Dölling & Galitz.

Willms, Bernard. 1969. *Revolution und Protest oder Glanz und Elend des bürgerlichen Subjekts*. Stuttgart: Kohlhammer.

Zamoyski, Adam. 2016. *Phantome des Terrors. Die Angst vor der Revolution und die Unterdrückung der Freiheit 1789–1848*. München: Beck.

Zola, Emile, 2004. *Das Paradies der Damen. Aus dem Französischen von Hilda Westphal. Mit einem Nachwort von Gertrud Lehnert*. Frankfurt a. M.: Fischer (Orig. frz. 1882).

Zum Weiterlesen

Bude, Heinz, Joachim Fischer, und Bernd Kauffmann, Hrsg. 2010. *Bürgerlichkeit ohne Bürgertum. In welchem Land leben wir?*. München: Wilhelm Fink.

Budde, Gunilla, 2009. *Blütezeit des Bürgertums. Bürgerlichkeit im 19. Jahrhundert*. Darmstadt: Wissenschaftliche Buchgesellschaft.

Wehler, Hans-Ulrich, 2008. *Deutsche Gesellschaftsgeschichte, 5 Bde. (1700–1990)*. Studienausgabe. München: Beck.

Printed in the United States
By Bookmasters